DU

PROBLÈME SOCIAL.

DU PROBLÈME SOCIAL.

LOIS ET CONDITIONS

RÉGULIÈRES

DU TRAVAIL NATIONAL

EN FRANCE,

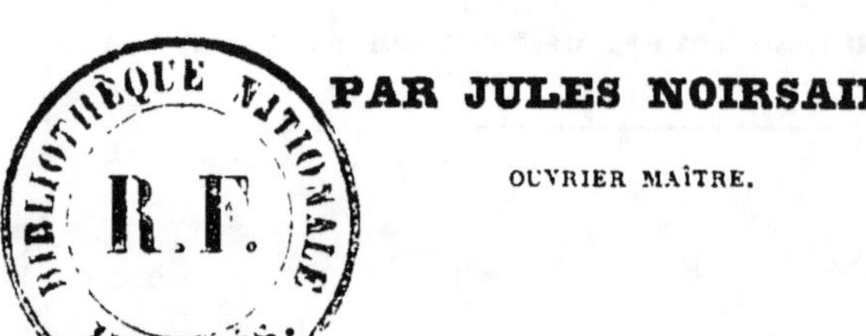

PAR JULES NOIRSAIN,

OUVRIER MAÎTRE.

Prix : 1 franc.

PARIS

HENRI FERET, LIBRAIRE,

COUR DE NEMOURS, 25, PALAIS-NATIONAL.

1848

AVANT-PROPOS

Ces pages ne sont point une œuvre d'agitation.

Loin de là !

Elles appellent à la concorde toutes les volontés et tous les intérêts du pays par une juste satisfaction donnée à tous les besoins vrais et légitimes.

Leur but est de faire comprendre comment il est possible de fermer pour toujours le cycle des révolutions, en attachant toutes les conditions à l'ordre social par le double lien du bien-être et de la reconnaissance.

Elles traitent des lois du travail ; mais elles ne proposent rien d'absolu, rien d'attentatoire au droit commun ni à la liberté des individus, rien qui ressemble aux systèmes d'absorption préconisés dans quelques écoles.

Elles disent ce qui est possible et faisable, au moyen d'innovations pacifiques, dans le régime administratif de la société française.

Peut-être néanmoins ces innovations sembleront-elles bien hardies à quelques âmes honnêtes, facilement effrayées du moindre mouvement de la pensée.

Notre seule crainte, à nous, c'est qu'elles ne soient encore trop au-dessous des exigences de la situation.

Ne faut-il pas aux grands maux des remèdes énergiques ?

Les découvrir, ces remèdes, et chercher à les appliquer sans péril pour personne : tel a été notre dessein.

Si nous défendons avec énergie les intérêts des travailleurs, c'est parce qu'ainsi le veut le principe de la fraternité sociale, qui n'est pas pour nous une devise menteuse, un simple cri de sauvegarde contre les violences de la rue.

C'est aussi parce que dans l'organisation sociale et politique que les régimes anciens nous ont léguée, il reste encore de nombreux vestiges de servitude qui déshonorent la civilisation moderne, et qu'il importe d'effacer au plus tôt, non avec du sang, mais avec le baume de la charité publique.

D'autre part, nous disons et nous répéterons sans cesse aux ouvriers :

Respect à la propriété, base première de tous les droits et principe de tous les devoirs !

Respect au pouvoir, élément indispensable d'ordre, de force active et de progrès !

Respect à la religion, sans laquelle tout finit par se corrompre ou s'éteindre, soit dans la boue, soit dans les larmes !

Nous leur dirons encore, à ces mêmes ouvriers :

Patience !

Le champ des réformes est débarrassé de bien des obstacles; mais, pour qu'il produise, ne faut-il pas encore le cultiver, y jeter la bonne semence de la justice, puis attendre l'heure de la récolte? Elle mûrira vite, soyez-en sûrs, par ce temps d'orage; mais gardez-vous de la compromettre, en foulant aux pieds le sol qui doit la donner.

Il y va de la liberté et même de la vie ! Toute nation qui se précipite, au lieu de marcher au pas de la nature, arrive à l'abîme.

Beaucoup d'hommes, qui se croient sages et qui ne sont que peureux, se bornent à gémir sur les maux du moment. Proposez-leur un remède, même le plus moral, le plus pacifique et le plus lent, ils le repoussent comme impossible !

Impossible!... Il ne resterait donc qu'à se voiler le front et à périr! Dieu n'aurait donc frappé de si grands coups que pour nous conduire à ce fatalisme ignominieux!

Vraiment, nous avons plus de foi que ces hommes.

Nous croyons que la France peut encore vivre, et vivre même plus paisible, plus heureuse, plus grande et plus honorée qu'en aucun temps de son histoire.

Que faut-il pour cela?

L'application sérieuse et régulière d'un principe : *la fraternité!* entendu tout autrement que ne l'ont appliqué les Caïns de 93.

Cet opuscule est fait pour en donner la preuve et pour indiquer le système à édifier dans ce but.

Lisez-le tous, hommes de pouvoir et d'idées, hommes d'industrie, de finance, de négoce et de labourage, hommes d'épée ou de plume, hommes de loisir et hommes de peine, maîtres et travailleurs! Peut-être une pensée de salut en jaillira-t-elle, qui ramènera la sérénité dans votre âme.

C'est à une croisade sociale, à la pacification par l'ordre dans le travail, que je vous convie tous.

Avançons *sans peur*, et soyons toujours *sans reproche!*

DIEU LE VEUT!

AUX OUVRIERS

COMPAGNONS !

On dit que vous voulez entrer en participation avec les maîtres dans les travaux et les entreprises de ceux ci.

Je ne puis croire que tel soit votre dessein.

Interviendriez-vous aussi dans les avances, dans les pertes, dans les revers?

Que feriez-vous, en cas de sinistre et de ruine?

Comment aussi établiriez-vous le taux de vos bénéfices?

Comment empêcheriez-vous que l'on vous trompât?

Non, encore une fois, telle ne peut être votre pensée.

Votre pensée, la voici :

Vous demandez qu'il vous soit assuré, autant que le peut une société bien régie, un salaire suffisant pour vous faire vivre, vous et votre famille.

Vous demandez des facilités d'existence pour les heures mortes de la maladie, et surtout pour le temps de la vieillesse.

Vous désirez que la nation pourvoie à votre insuffisance, pour la nourriture et l'éducation de vos enfants, si leur nombre est au-dessus de vos ressources.

Vous entendez être désormais à l'abri de toute injustice, de toute vexation, de toute tyrannie.

Ces vœux sont légitimes et raisonnables; ce sont les nôtres, à tous.

L'opuscule suivant, que je vous engage à lire, a pour but de les réaliser.

DU

PROBLÈME SOCIAL.

LOIS ET CONDITIONS

RÉGULIÈRES

DU TRAVAIL NATIONAL

EN FRANCE.

La question du travail est la grande affaire du jour : on peut même dire le grand embarras de la situation ; car il y a des engagements pris, et il faut les tenir, au moins dans la mesure du possible, sous peine de mécontenter profondément la classe la plus nombreuse de la nation.

Puisque les ouvriers sont appelés à donner leur avis sur le problème qui les concerne, voici le mien.

Les diverses classes de la société forment comme une grande chaîne, que la moindre solution de continuité fractionne en partis hostiles et envieux.

Toutefois, au seul point de vue du travail, la société n'est réellement divisée qu'en deux classes : la classe des propriétaires et des maîtres, qui comprend aussi les travailleurs indépendants, et la classe des ouvriers ou travailleurs salariés.

Les premiers font travailler ou travaillent pour eux, chez eux, à l'aide de leurs ressources propres; les seconds louent leur travail à autrui, moyennant salaire.

Les premiers sont puissants : ils ont tous les moyens de faire respecter leurs droits et de se mettre à l'abri des injustices ou d'obtenir le redressement de leurs griefs; les lois jusqu'ici ont été faites par eux ou par leurs mandataires, et dans leur intérêt.

Les seconds sont faibles : ils ne possèdent aucun de ces moyens. On dirait que le législateur n'a pas même pensé qu'ils pussent avoir des droits à défendre, des injustices à subir, des plaintes à formuler.

En effet, sous l'empire de la législation existante, que peut faire l'ouvrier à qui l'on refuse le salaire? A qui doit-il s'adresser pour avoir justice bonne, prompte, facile et gratuite? car il la lui faut telle. Comment pourrait-il même prouver que le salaire dénié lui est dû, l'affirmation du maître primant toujours sa réclamation?

Il faut qu'il se taise, qu'il se résigne et qu'il souffre patiemment.

C'est ce qu'il ne fait pas d'ordinaire, parce que cette résignation, sous le coup de l'injustice et en face de la faim assise à son foyer, n'est pas dans la nature de l'homme. Elle n'est même qu'une exception dans les instincts généraux de la brute.

Victime d'une injustice, l'ouvrier ronge avec colère le frein de la soumission aux lois; puis, il s'étourdit dans les excès; puis enfin, il va prendre rang dans cette armée de mécontents qui menace incessamment le repos de la société.

De là, les désordres, les émeutes, les coalitions, les insurrections, les révolutions. — C'est l'éruption enflammée de la lave, longtemps comprimée dans les entrailles du volcan.

Ont-ils toujours raison? Je ne l'affirme pas; mais la société a toujours tort de les laisser sans défense contre les vexations d'en haut.

Qui veut la cause, veut les effets; qui sème l'iniquité, doit recueillir la tempête.

Les ouvriers sont faibles, ai-je dit plus haut : Oui, devant la loi civile, devant la justice positive et légale; mais ils sont forts devant la nature, qui leur a donné, comme à tous, une raison pour penser, un cœur pour sentir, et des bras pour agir.

Quand, au sein même de leur abaissement, ils se sont retrempés dans leur dignité d'homme, ils se lèvent, se comptent, se liguent; et si un éclair vient soudainement, de quelque point de l'horizon, embraser le ciel, ils s'arment et s'agitent : le sol tremble sous leurs pas, les colonnes de l'ordre social chancellent, puis elles tombent avec fracas, au moindre contact de leur main vigoureuse.

Voilà ce qui est arrivé plus d'une fois, et ce qui s'est fait hier.

Il faut qu'il n'en soit plus ainsi; car les voies de l'humanité sont toujours plus ou moins obstruées par ces amas de ruines.

Pour éviter le retour de ces catastrophes, la première chose à faire, c'est de s'occuper du sort des travailleurs salariés et de celui de leurs enfants.

De leurs enfants!... Qui s'en est occupé jusqu'ici? Qui est chargé du soin de la famille délaissée par l'ouvrier, soit que la mort le visite dans son lit, soit qu'elle l'atteigne au sein de ses travaux, soit qu'elle le frappe par le glaive de la puissance publique?... Que devient cette famille, lorsque son chef, en expiation d'un crime auquel l'a souvent poussé la misère, gémit sous les verroux; lorsqu'il est condamné à l'inaction par un manque prolongé de travail ou par une maladie grave?

Et ses enfants orphelins ne sont-ils pas, à un certain âge, rejetés dans le monde, sans que personne ait mission de remplir à leur égard les devoirs de la paternité?

—

Il existe, dira-t-on, des caisses d'épargne et de prévoyance? Oui, mais ces institutions sont rares : elles ne secourent qu'un petit nombre de travailleurs. Et encore, combien cette prévoyance est mesquine et parcimonieuse! combien elle ressemble à l'aumône!

On en parle aussi, de l'aumône! — C'est un grand mot qui sert de réponse à tout. Il semble qu'on ait tout dit, quand on a parlé des aumônes que fait la société.

L'aumône est louable dans son principe et dans l'intention de qui la fait; mais elle ne remédie qu'à la disette du moment. De plus, elle humilie, elle dégrade celui qui la reçoit, et qui se résout à vivre du pain qu'elle donne. Le travail, au contraire, honore et relève. C'est ce que demande l'ouvrier : c'est ce qu'il faut tâcher de lui assurer.

L'aumône ! soit ; mais c'est l'individu qui fait l'aumône : ce n'est pas la société. Au contraire, la société punit la demande de l'aumône comme un crime, puisqu'elle jette dans une prison, quelquefois dans un cachot, le pauvre affamé qui tend la main, sans s'enquérir de ses besoins réels ou supposés.

Faisons mieux. Entourons les ouvriers de soins affectueux ; donnons-leur du travail, au lieu d'aumônes ; assurons-leur des moyens d'existence ; réprimons les injustices dont ils sont journellement victimes, ou plutôt rendons ces avanies impossibles à l'avenir par des pénalités sévères contre ceux qui auraient encore la pensée d'y recourir.

N'oublions pas non plus la famille et les enfants du travailleur. Veillons à ce que ces enfants soient bien élevés et convenablement instruits.

Alors, au lieu de nous haïr, les travailleurs nous aimeront ; au lieu de nous menacer, ils nous béniront ; au lieu de se faire nos ennemis, ils nous défendront ; au lieu d'attenter à nos jours, ils y veilleront. Et tout cela, parce que nous aurons été justes et bons à leur égard. La récompense ne vaut-elle pas la peine que l'on s'occupe activement de la mériter ?

Nous promettons stabilité et gloire à tout gouvernement qui saura fonder des institutions pour le bien-être des travailleurs sur la base inébranlable de la fraternité chrétienne.

Cette œuvre faite, l'ère des révolutions sera close, et le siècle présent aura toutes les facilités nécessaires pour édifier sur les ruines qu'il a faites.

———

Mais cette œuvre est-elle possible ?

Voyons d'abord ce qu'il faudrait faire pour y réussir.

Je vais dire ce que je crois praticable et suffisant.

Les principes sur lesquels je m'appuie sont sûrs. Si je m'égare ou me trompe, ce ne sera donc que dans les détails. J'en fais d'avance bon marché, pourvu que l'on trouve mieux ; mais la vérité sur laquelle ils reposent est inattaquable.

Il faudrait :

1° Assurer, dans la mesure de toutes les ressources que la société

possède ou peut réunir, du travail à tous les citoyens obligés de vivre
d'un salaire, ou remplacer ce travail, au besoin, par des occupations
utiles au bien général ;

2° Établir légalement les droits des travailleurs, et garantir ces droits
par des peines rigoureuses contre ceux qui y porteraient atteinte ;

3° Supprimer tous les impôts qui pèsent directement sur les travailleurs ;

4° Établir des écoles et des pensions pour les enfants des travailleurs, et des maisons d'asile pour la classe des domestiques ;

5° Abolir la conscription et enrôler, pour un terme de dix ans, à
partir de vingt ans, les enfants des travailleurs, préparés à l'état militaire par une éducation spéciale, en leur garantissant toutes les chances
possibles d'avancement.

6° Instituer une grande banque, vraiment nationale, qui soit en même
temps une caisse spéciale des travailleurs ;

7° Établir une législation spéciale pour punir les fautes commises par
les travailleurs dans l'exercice ou à l'occasion de l'exercice de leur profession.

Telles sont, dans un aperçu sommaire, les mesures à prendre pour
émanciper enfin les travailleurs de la servitude de la misère et de l'esclavage honteux du vice, au grand profit de la société tout entière.

Mais, dira-t-on encore, ce système d'organisation est-il réalisable ?

Oui, je le crois, sur mon honneur !

Que l'on veuille bien au moins me lire ou m'entendre avant de dire
non.

I

*Assurer, dans la mesure de toutes les ressources que la société pos-
sède ou peut réunir, du travail à tous les citoyens obligés de vivre
d'un salaire, ou remplacer ce travail, au besoin, par des occupations utiles au bien général.*

Comment y parvenir ?

Voici ma réponse. — Mais avant de me jeter dans les détails d'exécution, je crois devoir faire remarquer que parmi les dispositions générales qui précèdent, l'une vient souvent à l'appui de l'autre, parce
que toutes se tiennent et forment un ensemble.

1° Plus de conscription, dit l'article 5 ! Recrutement de l'armée
parmi les travailleurs préparés, dans un système spécial d'éducation, à
l'honneur de servir la patrie !

Or, on peut estimer que les forces militaires de la France, y compris
la marine et les colonies, doivent s'élever, même en temps de paix, vu
l'état général de l'Europe, à 500,000 hommes. C'est une occupation, et
la plus honorable de toutes, assurée à *un million* de travailleurs :
500,000 sous les drapeaux ; 500,000 à l'instruction dans les pensions
militaires établies dans ce but et dirigées par l'État. Le capital nécessaire pour les nourrir est là, au budget de la guerre.

———

Ne serait-il pas aussi bien et mieux employé, ce capital, qu'il ne l'est
dans le système actuel ? — système despotique, qui fait du service militaire une corvée ! — système anti-économique et ruineux, qui arrache à
l'industrie, à l'agriculture, au commerce, à toutes les professions utiles,
des milliers de jeunes gens qui trouveraient dans le sein de la famille
toutes facilités de vivre par un travail certain, souvent indépendant,
toujours productif ! — système anti-patriotique, qui n'attache que fictivement les soldats à l'ordre social et aux institutions politiques du pays !

———

2° L'État est lui-même essentiellement travailleur, dans ce sens qu'il a toujours des travaux à faire exécuter. — Ainsi, les arsenaux, les chantiers maritimes, la construction et l'entretien des routes, la construction et l'entretien des chemins de fer (plus de concession, plus d'adjudication de travaux publics !), l'entretien des ponts et des canaux, la fabrication des armes et de la poudre,... puis, les édifices publics, les ponts, les casernes, les églises et monuments, les hôtels des ministres, des préfets et sous-préfets, les bâtiments d'écoles, colléges et lycées, les palais de justice et les prisons, les hôpitaux et les maisons d'asile... On ne finirait pas si on voulait tout énumérer.

Combien d'hommes pourraient être appliqués à ces travaux ? Combien de travailleurs, aujourd'hui sans ouvrage, y trouveraient des moyens de vivre, si l'État avait soin d'en écarter les étrangers, si largement appelés par les compagnies concessionnaires, et de n'y admettre que les travailleurs qui ne pourraient trouver ailleurs ni autrement une occupation salariée ; ce dont il pourra toujours s'assurer, comme il sera dit plus bas.

3° Que l'on joigne à ces travaux ceux qui sont exécutés par les départements, par les communes et par toutes les administrations publiques.

4° Que dans toute l'étendue du territoire, on réserve exclusivement aux travailleurs les emplois, les fonctions et les services qui n'exigent, pour être bien remplis, que les connaissances vulgaires mises par l'instruction gratuite et commune à la portée de tous ; que ces emplois ou fonctions cessent d'être livrés en pâture à la rapacité de la petite bourgeoisie, qui n'en a pas un pressant besoin, ou au caprice des administrations locales, ou bien enfin à l'exploitation en commun de la fortune publique.

Oui, qu'il soit enfin comblé cet abîme d'immoralité qui chaque année engloutit tant de millions au profit des hommes les moins dignes et les moins à plaindre! Et l'on verra combien il y aura d'espace au soleil, ou plutôt de place au banquet du travail pour les ouvriers honnêtes.

Respect à la propriété! c'est la première loi de toute civilisation; mais arrière pour toujours l'intrigue et l'injustice! arrière les sinécures! Arrière les mangeurs oisifs et improductifs des fonds de l'État!

———

5° Calculez, si vous le pouvez, en estimant la production au plus bas possible, comme dans les moments de crise, le nombre de bras que le commerce et l'industrie, l'agriculture et ses travaux, les arts de tous genres et leurs applications, doivent occuper sur tout le sol de la France.

6° En attendant que les institutions qui servent de base à ce plan puissent donner tous leurs fruits, l'État ne pourrait-il pas, au besoin, créer de vastes ateliers et entreprendre de grands travaux, soit pour la défense du pays, soit pour l'embellissement des cités, soit pour l'exploitation des millions d'hectares encore incultes sur le sol et au centre même de la France?

———

Quel motif s'opposerait à la formation de compagnies agricoles pour défricher ces terres aux frais et sous la direction de l'État? Dépense utile et productive, qui, au bout de quelques années, ferait affluer au trésor un revenu considérable par l'impôt foncier, en même temps qu'il augmenterait la fortune territoriale de la France!

7° Rien n'empêcherait d'organiser des compagnies semblables, mais sous un régime spécial, pour exécuter des défrichements au loin, hors du territoire continental de la France.

———

L'Algérie seule, colonie féconde qui ne demande que des soins de culture pour devenir le grenier de la France, occuperait utilement des millions de bras. Les fonds de l'État ne sauraient être mieux employés qu'à les rétribuer, sous la condition d'un travail régulier et bien discipliné. Encore les dépenses seraient-elles limitées à un court espace de temps; car bientôt on trouverait, dans un système de concessions bien conçu, appliqué graduellement et avec intelligence, un moyen honorable de rémunération et d'encouragement.

L'Algérie, terre aujourd'hui française, a besoin de bras; et la France compte des millions de bras inoccupés! c'est un contre-sens et une honte, triste héritage d'un gouvernement de corruption et d'intrigue.

Il convient à l'honneur de la France qu'une telle situation ait un terme.

Que de travailleurs encore pourraient trouver des moyens d'existence dans ce système d'exploitation agricole !

—

8° Enfin, si l'emploi de toutes ces ressources ne suffit pas pour atteindre le but, il en reste une, certaine et infaillible, que les circonstances actuelles semblent prescrire.

Indépendamment de l'armée régulière et permanente, dont nous n'avons porté le chiffre qu'à 500,000 hommes, formons une réserve à cadres mobiles. Appelons-y les ouvriers qu'il serait impossible d'appliquer aux divers travaux qui viennent d'être indiqués. Le nombre n'en sera pas aussi considérable qu'on pourrait le croire; mais, fût-il encore très-élevé, il ne dépasserait pas de beaucoup les besoins de la défense militaire de la France, qui va se trouver pour un terme indéfini en présence de gouvernements hostiles ou malveillants. D'ailleurs, la mesure ne sera que temporaire. Le plan que nous proposons la fera cesser naturellement et sans secousse, aussitôt qu'il produira ses bons effets. C'est l'affaire de quelques années, peut-être de quelques mois.

—

Nous avons parlé de cadres mobiles, parce que, dans notre pensée, il conviendra de les resserrer ou de les étendre, suivant le développement du travail national, de manière que l'État puisse toujours avoir sous la main un moyen facile d'accroître, soit la masse des travailleurs civils, soit la masse de ses défenseurs ou travailleurs militaires, suivant le besoin et l'occurrence.

Il va sans dire que des dispositions réglementaires, sanctionnées par la législature, concilieraient, autant que possible, les droits de la liberté individuelle et de l'*habeas corpus* avec les intérêts du gouvernement.

Ainsi, par exemple, les enrôlements seraient faits pour un terme déterminé, que l'État pourrait abréger ou interrompre. Ils pourraient être renouvelés à l'expiration; et d'autre part, ils pourraient cesser d'avoir leur effet, toutes les fois que le travailleur militaire de la réserve offrirait la garantie d'une occupation fixe et certaine hors des cadres, pour tout le temps qui resterait à courir jusqu'à l'expiration de son enrôlement.

De l'emploi intelligent de tous ces moyens résulterait, à mon avis, la solution de cette première partie du problème, la plus difficile de toutes : *assurer du travail à tous les citoyens vivant du salaire.*

Mais que d'argent il faudra pour réaliser ce projet !

Veuillez attendre un moment, vous verrez bientôt que cet argent se trouvera, sans trop de peine et sans aggravation de charges.

Autre objection ! Vous voulez donc que l'État se charge de tous les détails du placement, de la direction et de la surveillance des travailleurs.

La chose est-elle faisable ?

A cela, je réponds :

Créez, s'il le faut, un ministère spécial du travail ; ou bien, formez au ministère des travaux publics une direction centrale du travail.

En second lieu, que chaque commune possède un registre sur lequel seront inscrits exactement d'une part les noms des travailleurs non occupés, de l'autre, les noms des particuliers, industriels, entrepreneurs, propriétaires ou autres, y compris l'État lui-même à titre de travailleur, ayant besoin d'ouvriers. Qu'un double de ces registres soit envoyé chaque semaine et directement, sans passer par la filière des sous-prélectures, au chef-lieu du département. Que là, un agent de l'État, investi de pouvoirs suffisants, s'occupe de pourvoir aux besoins de la circonscription départementale ; ou bien, en cas d'insuffisance dans la masse du travail, qu'il se hâte d'en informer la direction centrale.

Que les affaires de ce genre s'expédient promptement, à tous les degrés de l'échelle administrative, et que l'on y tienne sévèrement la main.

On verra combien l'organisation sera facile et peu dispendieuse.

L'État s'occupe bien, sans profit pour personne, d'une foule de détails plus minitieux que ceux qu'il s'agit de régler ici. Et qu'importe la peine, en présence de résultats si précieux !

———

Si vous le voulez encore, calculez la somme de travail public que chaque commune du pays peut fournir annuellement, puis la somme de travail libre qui s'exécute sur son territoire. Organisez, en conséquence, dans chaque localité, une compagnie de travailleurs correspondante aux besoins certains ou seulement probables. Le gouvernement, toujours promptement instruit de l'état des choses, pourvoira aux éventualités par les moyens dont il dispose.

———

Ne vous y trompez pas. Ce n'est pas seulement la pénurie réelle du travail qui cause la détresse des travailleurs ; c'est la mauvaise répartition du travail. Souvent le nord regorge de forces productrices ; le centre et le midi demandent des bras. L'industrie souffre du trop plein, l'agriculture de la disette. Telle branche de travail local ne peut occuper tous les ouvriers qui se présentent ; telle autre branche, à 30 ou 50 lieues de là, demande des ouvriers.

Mais on l'ignore, ou l'on manque de ressources pour faire la route, et l'on meurt de faim sur la terre de France, l'une des plus fertiles du continent européen !

C'est ce qui n'arrivera plus, quand l'œil de l'État embrassera constamment tout le pays ; quand sa main bienveillante s'étendra pour aider toutes les volontés laborieuses.

2

Je m'arrête, pour ce qui concerne notre premier article.

Hommes du pouvoir, publicistes, économistes, industriels, et vous aussi, ouvriers, mes frères en travail, jugez cet exposé... Mais je me trompe : ne jugez point encore. Attendez que j'aie tout dit.

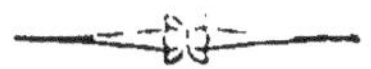

II

Établir légalement les droits des travailleurs et garantir ces droits par des peines rigoureuses contre ceux qui y porteraient atteinte.

Il s'agit ici de faire un code spécial du travail. C'est la tâche du législateur ; mais il faut que ce code établisse :

1° Le droit de tout citoyen au travail, dans la mesure de toutes les ressources que la société possède ou peut réunir ;

2° Un minimum de salaire suffisant pour assurer à l'ouvrier son existence, celle de sa femme et de deux de ses enfants au moins ;

3° La fixation par l'État de la durée du travail, conformément aux principes de l'humanité, aux forces de l'ouvrier, aux besoins raisonnables des diverses industries ; et la préférence sur tous les ouvriers étrangers pour les services rendus, ou les travaux exécutés aux frais de l'État, des départements, des communes, des administrations et établissements publics, de l'armée, etc. ;

4° L'interdiction, à l'avenir, de toute concession de travaux publics à des compagnies, et la résiliation des contrats intervenus, s'il est possible ;

5° La suppression du marchandage, en ce qu'il a de contraire à la dignité de l'homme et aux intérêts légitimes des travailleurs ;

6° La suppression de la concurrence faite au travail régulier par des entrepreneurs ou par l'État, au moyen du travail des prisons, des dépôts de mendicité, etc. ;

7° La défense à tout maître, chef d'atelier ou propriétaire, de renvoyer un travailleur salarié, sans lui avoir préalablement payé tout le salaire qui lui est dû, et sans l'avoir prévenu au moins tant de jours à l'avance ; — à moins que le maître ne préfère lui payer sur-le-champ et par anticipation une somme égale à celle qu'il aurait gagnée jusqu'au jour de son départ, pendant le même espace de temps. — Exception pour les fautes graves, qui doivent être nettement qualifiées dans la loi ;

8° L'obligation imposée à tout maître, chef d'atelier ou propriétaire, de payer le salaire ou les gages aux jours déterminés suivant les besoins et l'usage, à peine d'une amende au profit des travailleurs lésés par le retard ;

9° L'institution dans chaque commune populeuse et dans chaque chef-lieu de canton d'un conseil d'arbitrage composé dans une juste proportion de travailleurs et de maîtres ou propriétaires, nommés les uns et les autres par le gouvernement, avec mission de régler sommairement toutes les contestations, et pouvoir de les faire exécuter, nonobstant appel ;

10° Le droit de l'ouvrier à son salaire, payé par la caisse des travailleurs, en cas de maladie ;

11° Un droit semblable à une pension sur la même caisse, en cas d'infirmités contractées au travail, et pour défaut de force par suite de l'âge avancé ;

12° La garantie du travail et du salaire, assurés, conformément à un tarif, à toutes les veuves d'ouvriers ou femmes d'ouvriers malades, si elles le réclament ;

13° Le droit pour tout ouvrier dépourvu de ressources suffisantes, d'envoyer un ou plusieurs de ses enfants aux écoles dirigées par l'État sur les fonds de la caisse des travailleurs ;

14° Des pénalités rigoureuses et principalement de fortes amendes au profit de la susdite caisse, infligées à tout maître ou propriétaire, et même à tout dépositaire de l'autorité publique qui aurait volontairement posé un acte d'arbitraire ou de violence à l'égard d'un ou de plusieurs travailleurs, ou enfreint une disposition du code du travail.

Telles sont les bases à poser.

Vienne ensuite la discussion, mais une discussion calme et bienveillante, au sein de l'Assemblée nationale, de tous les détails de la législation. Nous y consentons sans peine, pourvu que les travailleurs puissent être, par délégués, entendus au débat, sinon dans l'enceinte législative, au moins en présence du ministre d'abord, puis dans les bureaux ou sections de l'assemblée.

Les trois points les plus importants sont : *la garantie d'un travail convenablement rétribué,* dans l'état de santé ; *l'assurance d'une existence honnête pour l'ouvrier lui-même,* en cas d'infirmité ou de vieillesse, *et d'un travail suffisant ou de secours pour sa veuve,* en cas de mort ; enfin, *l'abolition sans retour possible de toutes vexations de la part des maîtres.*

Que l'on ne se récrie pas contre ce projet de pensions.

Les employés du gouvernement ne jouissent-ils pas d'une pension dans certaines circonstances données ? Ne jouissent-ils pas de leur traitement en cas de maladie, quelquefois même de congé, c'est-à-dire pendant qu'ils se livrent aux plaisirs ?

Pourquoi les employés du travail national ne seraient-ils pas traités de même, toute proportion gardée quant à la nature des services rendus et aux taux des avantages ?

Ceux-là, dira-t-on, contribuent à alimenter une caisse de retraite : ils ont un droit strict à la pension.

Précisément ! on ne saurait mieux dire ; mais on verra plus bas que la caisse des travailleurs, destinée à tous les besoins, recevra aussi un fonds spécial versé par le maître sur le produit du travail des ouvriers. La position est identique : que les avantages le soient donc aussi.

Et, après tout, quand cela ne serait pas, à raison de la modicité du salaire, faut-il que le travailleur infirme soit puni de son infirmité, comme d'un crime, tandis que, valide, il aurait droit (c'est le premier article de notre code) au travail et au salaire ?

Non. Au contraire, il faut que la vieillesse de l'ouvrier soit honorée : il faut que ses infirmités ou ses défaillances accidentelles soient soignées avec amour par la charité publique, comme le sont les blessures et les plaies du soldat atteint par le fer ennemi.

Il n'y a pas un cœur de Français qui ne sympathise avec cette doctrine.

Elle paraît nouvelle : elle ne l'est pourtant pas.

Elle est du même âge que la charité chrétienne ; elle a été enfantée comme elle sur le Calvaire. Le monde barbare d'abord, puis le monde féodal, puis le monde parlementaire, tous ces mondes l'avaient oubliée ou désapprise. N'est-il pas temps enfin que le monde libre l'accueille et la mette en pratique ?

Le Christ est mort pour briser tout esclavage !

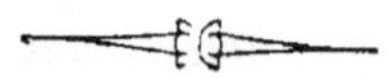

III

Supprimer tous les impôts qui pèsent directement sur le travailleur salarié.

Ces impôts sont connus de tout le monde : il est inutile de les énumérer.

Ils sont iniques, en ce qu'ils se prélèvent sur le strict nécessaire du pauvre.

Ils sont odieux, en ce qu'ils frappent les aliments de chaque jour, les plus indispensables au soutien de la vie.

Ils sont contraires à la pensée capitale de toute organisation du travail, c'est-à-dire au droit que les travailleurs ont au travail et au salaire ; car il n'est pas rationnel que l'État retire d'une main ce qu'il doit donner de l'autre.

Donc, suppression complète ! Le mode est à chercher, si l'on ne supprime pas en même temps les octrois, en les remplaçant par d'autres formes d'impôt. Mais la solution ne se fera pas attendre, pourvu qu'on la cherche avec un cœur droit et un esprit libre de tout préjugé.

Ne craignons pas de toucher aux débris de la barbarie antique. Il faut qu'elle disparaisse tout à fait, pour que le monde puisse marcher sans obstacles dans les voies de la fraternité chrétienne.

IV

*Établir des écoles et des pensions pour les enfants des travailleurs,
et des maisons d'asile pour la classe des domestiques.*

Ces institutions sont nécessaires dans tout système d'organisation.

En effet, le travailleur est surtout gêné et appauvri par le besoin
d'élever, de nourrir, de surveiller et de former au travail une nombreuse famille.

La paternité, qui ne devrait jamais être qu'une consolation et une
joie, est pour lui un sujet de peines et de chagrins continuels. Au lieu
d'égayer ses heures de repos, elle les attriste. La paix domestique en
est souvent troublée ; le sommeil même est privé de ses douceurs.

Or, quand le bonheur déserte le foyer, la moralité prend bientôt le
même chemin. L'excès de la misère conduit à l'étourdissement dans le
vice : de là un abrutissement profond, qui n'a de terme que la vie ou
la prison, si ce n'est le bagne.

Il est d'ailleurs certain que le salaire, quelque élevé qu'on le suppose,
est insuffisant pour donner à l'ouvrier les moyens de pourvoir aux besoins d'une nombreuse famille.

Aussi, ce qui le gêne le plus ordinairement, c'est l'obligation de faire
face aux nécessités de chaque jour et presque de chaque heure du
jour.

Il est également certain que le bienfait d'une éducation, non-seulement religieuse et morale, mais appropriée aux exigences de l'avenir et
réellement professionnelle, manque encore aux enfants du travailleur.

On leur donne l'instruction gratuite : il y a des écoles dans toutes les
communes. C'est un progrès qui mérite et appelle la reconnaissance ;
mais ce n'est pas tout.

Voici ce qui reste à faire :

1° Établir, en faveur de l'ouvrier chargé de famille, des pensions
où ses enfants, au-dessus de deux (le salaire, comme nous l'avons dit,
devant généralement suffire pour l'entretien de deux enfants), soient
logés, nourris, habillés, instruits aux frais de la caisse des travailleurs ;

2° Modifier le régime de ces pensions de manière à en faire une demi-pension, avec ou sans l'habillement et la nourriture, suivant la position connue de la famille, mais toujours de telle sorte que les enfants passent toute la journée dans l'établissement et ne retournent dans la famille que le soir, afin de participer à tous les exercices, à toutes les leçons, à toutes les récréations, à tous les travaux utiles de la journée ;

3° Ériger, dans les départements où il reste encore beaucoup de terres incultes à défricher, de marais et de terrains fangeux à dessécher, de bruyères à fertiliser par la culture, trente ou quarante pensionnats ou écoles militaires, où les enfants des travailleurs, les plus intelligents et les plus robustes, soient élevés pour l'état militaire et reçoivent, à cet effet, une instruction spéciale plus étendue et plus solide, propre à élever leurs âmes au niveau de la profession qu'ils doivent exercer un jour ;

4° Établir en principe, dans l'organisation de ces diverses écoles, que la pratique d'un ou de plusieurs arts professionnels (l. menuiserie par exemple) sera toujours jointe à l'enseignement des connaissances qui forment le programme ordinaire des écoles communales, et que chaque jour, suivant le temps et la saison, les enfants s'y appliqueront plus ou moins longtemps : sans parler des travaux de culture et des exercices gymnastiques, qui pourront varier utilement et agréablement la série des occupations du jour ;

5° Comme beaucoup d'enfants de travailleurs peuvent être utilement employés dans les différents *services* du commerce, créer aussi, dans les localités les plus convenables, quelques écoles-pensions où l'instruction et l'éducation soient dirigées dans ce but ;

6° Ériger un établissement semblable pour les enfants des domestiques et pour tous ceux qui seraient destinés à le devenir. L'éducation spéciale ne leur est pas moins nécessaire. D'ailleurs, la société ne doit laisser en dehors de sa sollicitude aucun des besoins auxquels elle peut seule pourvoir ;

7° Enfin, ériger dans chaque ville ou commune populeuse des maisons d'asile où les domestiques sans service puissent être reçus momentanément et appliqués à divers travaux utiles.

Entrons maintenant dans quelques détails d'application.

L'ensemble de ces institutions doit comprendre les enfants des deux sexes ; c'est-à-dire qu'elles doivent être créées en nombre double et avec les modifications convenables ; excepté, bien entendu, les écoles ou pensions militaires.

Les enfants des travailleurs, restés orphelins, doivent aussi participer aux bienfaits de l'éducation donnée aux frais de la société.

Le but généreux de ce système ne serait pas non plus complétement atteint, si l'on n'y faisait entrer les enfants des travailleurs que le vice ou la misère, après les avoir rendus coupables, a fait tomber sous le coup de la loi, quelle que soit la peine à laquelle leurs parents sont condamnés, et ceux des travailleurs qui, sans avoir encouru les rigueurs de la justice humaine, refusent de plier leur nature perverse aux lois du travail et de la discipline sociale.

Les fautes ne sont-elles pas personnelles ? Jusqu'ici on s'est contenté de reconnaître cette vérité comme une théorie : il est temps de la consacrer en fait.

La société tout entière y est intéressée ; car ce ne serait pas impunément que l'on perpétuerait dans son sein un certain nombre de races maudites, vouées au crime, à la haine des institutions et des hommes, par le seul hasard de la naissance.

Ou la fraternité, dont on parle tant, n'est qu'un mot, ou elle doit embrasser dans son sein toutes les misères, et celles-là même qui répugnent le plus aux traditions du faux honneur que les régimes anciens nous ont léguées.

Dans le langage chrétien, il faut dire : *et celles-là surtout !*

Plusieurs des institutions dont nous venons de parler existent déjà. Chaque commune a maintenant son école. Il suffit d'en modifier le régime.

Dans celles des petites communes, par exemple, introduisez seulement, pour les enfants des travailleurs, le système de la continuité des soins pendant toute la journée, sans interruption et sans retour dans la famille. Le premier degré de nos institutions est tout établi.

Dans la plupart des chefs-lieux de canton et des communes populeuses, il existe des écoles d'un degré supérieur. Faites-en des écoles-pensions, destinées à tout le ressort du canton. Si vous jugez que ce soit trop pour certains départements, bornez-vous à une seule de ces institutions par arrondissement..

Remarquez que ces écoles-pensions peuvent également recevoir des enfants à demi-pension, avec ou sans les avantages mentionnés plus haut; car rien ne s'oppose à ce que les enfants des travailleurs aisés apportent, le matin, la nourriture du jour.

———

Les écoles militaires dont nous avons parlé ne doivent contenir que des pensionnaires, parce que là l'uniformité de régime pour tous est absolument nécessaire. Si vous voulez agir avec sagesse, vous n'y admettrez pas indistinctement tous les enfants des travailleurs qui se présenteraient. Vous ferez un choix, qui donnera à l'admission le caractère d'une faveur. Vous limiterez le nombre dans la proportion des besoins ordinaires de l'armée nationale. Nous avons estimé que la France doit toujours entretenir environ 500,000 hommes sous les armes. Fixez donc aussi à 500,000 le nombre des enfants destinés à l'état militaire et préparés par l'éducation à l'honorer un jour. Dépassez même un peu ce chiffre; élevez-le jusqu'à 600,000. Vous le pouvez; car la mort n'épargne pas toujours le jeune âge, et les vocations, quelque honorables qu'elles soient, peuvent faillir, à défaut de moyens intellectuels ou de force physique.

Quant aux autres enfants, vous aurez à votre disposition les écoles des communes, celles des cantons ou des arrondissements.

———

Je n'ai point parlé des crèches et des salles d'asile. Ce n'est pas que je ne les comprenne dans le cadre des obligations que la société doit remplir; mais, en général, le travailleur n'est gêné par les soins de la famille que lorsque les enfants ont atteint un certain âge. D'ailleurs, ce qui existe en ce genre est bien; il suffit d'étendre l'œuvre et de faire en sorte que nulle part, sur le sol de la France, il ne se trouve plus un père ni une mère de famille à qui le soin de ses enfants ôte les facilités du travail et en arrache les fruits, avec le repos de l'âme et la paix du foyer.

—·

Ai-je besoin de dire que le gouvernement doit présider lui-même à ces créations et à la répartition des enfants des travailleurs dans les diverses écoles? Lui seul peut s'acquitter convenablement de cette tâche, parce que seul il peut tout connaître et tout embrasser d'un regard d'ensemble.

—

Supposons maintenant que ce plan soit déjà mis en pratique; que ce mécanisme d'éducation fonctionne dans tout le pays; que partout, le travailleur soit libre de son temps, assuré du présent et de l'avenir, non-seulement pour lui-même, mais pour ses enfants.

Quel immense concert de bénédictions s'échappera de toutes ces bouches qui ne s'ouvrent habituellement que pour maudire! Quelle puissante harmonie dans toutes les forces de la nation! Combien la France sera grande, heureuse, puissante, dans la satisfaction de tous ses besoins et la concorde de tous ses enfants! Combien aussi, dans cet état de bien-être général, la religion, ce premier élément de toute civilisation vraie, aura d'empire pour faire goûter et pratiquer ses maximes! Le bonheur et l'abondance, fruit d'un travail honorable, élèvent naturellement le cœur à Dieu.

V

Abolir la conscription et enrôler, pour un terme de dix ans, à partir de vingt, les enfants des travailleurs, préparés à l'état militaire par une éducation spéciale, en leur garantissant toutes les chances possibles d'avancement.

J'ai déjà dit ce que je pense du système de la conscription. J'y ajoute seulement ceci :

La conscription militaire est un reste des temps barbares. Elle est aussi une tradition des républiques anciennes fondées sur l'esprit de conquête.

Aussi a-t-elle été le système favori des puissances qui ont pris leur point d'appui dans la violence ou demandé leur accroissement à la spoliation, comme la Prusse ; et des souverains qui ont rêvé la monarchie universelle, au profit de leur ambition ou de leur famille, comme Napoléon.

L'ère présente n'a plus et ne doit plus avoir de ces tendances. Elle veut unir, non armer les peuples ; relier le genre humain tout entier en une grande famille de frères, non le diviser.

Pour cette œuvre pacifique, la conscription est inutile. Supprimons-la donc.

Supprimons-la encore pour un autre motif :

Parce que, telle qu'elle existe en France, elle consacre l'iniquité la plus odieuse en faveur du riche et au détriment du pauvre : celui-là pouvant s'y soustraire, moyennant finances ; celui-ci étant obligé de s'y soumettre, faute d'argent, quoiqu'il y soit impropre par vocation, et qu'il puisse aisément gagner son pain de chaque jour par un travail honnête.

Toutefois, ne concluons pas à la suppression de la force armée.

Le besoin de la défense subsistera toujours pour les peuples ; car la civilisation la plus avancée ne saurait éteindre dans le cœur de toutes les nations et de leurs chefs, l'esprit de haine et de rivalité. Il faut donc que chaque peuple ait toujours en main le moyen de repousser les insultes faites à son territoire ou de venger son honneur : il faut qu'il puisse toujours, non plus attaquer et conquérir, mais se défendre et se préserver de la violence.

———

Comment donc composer les armées sans conscription? Notre exposé le dit :

Préparer des enfants de travailleurs, par une éducation convenable et une instruction solide, à la profession des armes ; puis à vingt ans, leur confier pour dix, la plus belle de toutes les missions, celle de défendre le sol national contre l'étranger, et même, au besoin, contre les factions de l'intérieur.

———

Qu'est-ce, après tout, que ce système? C'est la milice moins ses charges ; plus, beaucoup d'avantages.

Plus de vexations pour les travailleurs à qui le foyer plaît et convient, parce qu'il les nourrit, parce qu'il abrite leur berceau et les cheveux blancs de leur père! — Les nouveaux miliciens auront eu la nation pour mère : ils la serviront avec amour et fidélité.

Plus de contrainte pour personne! — Les enfants destinés à la profession des armes seront choisis et préférés entre tous les autres. Être soldat, sera pour eux une faveur et une gloire. Ils se porteront d'eux-mêmes au drapeau, comme à la place d'honneur.

Plus de carrière coupée, interrompue, mutilée! — Le service militaire sera la carrière propre de ces enfants : ils feront avec joie ce qu'ils auront appris à faire dès leur enfance ; et ils resteront sous les armes aussi longtemps qu'ils voudront, après le terme de dix ans, et même jusqu'à ce que l'âge ou les fatigues leur donnent droit à une pension de retraite, non plus fictive et dérisoire, mais réellement suffisante aux besoins d'une vieillesse honorée.

La liberté de choisir une autre carrière, à l'âge de trente ans, leur sera également laissée ; et l'instruction qu'ils auront reçue les rendra propres à exercer un grand nombre de professions. Il leur suffira, pour obtenir un congé définitif, de donner la preuve et la garantie qu'un travail utile leur est assuré.

Économie pour la nation! — Elle entretiendra sous le drapeau, en les occupant noblement, des hommes qu'elle devrait, à défaut de travail suffisant pour tous, nourrir dans l'inaction; et c'est l'un des graves inconvénients du système actuel. La nation nourrit malgré eux un grand nombre de soldats qui trouveraient à vivre ailleurs, d'un travail productif; et elle nourrit, par ses subsides publics ou privés, des milliers d'hommes oisifs, malgré eux aussi, et qui seraient heureux du bien-être assuré aux défenseurs de la patrie.

—

Que l'on ne dise pas que le travail que ne font pas les premiers est fait par d'autres, et qu'ainsi la compensation existe. Il n'en est rien. Souvent la famille attend et se gêne. Plus souvent encore, le manque de ressources ne lui permet pas de remplacer le travailleur absent. Celui-ci, membre de la famille, n'était point rétribué; il faudrait donner un salaire à l'étranger chargé de sa tâche : on aime mieux la faire soi-même, en s'exténuant, ou la négliger au détriment des intérêts communs.

Ainsi se passent les choses dans le plus grand nombre des familles; et le malaise s'accroît encore par l'usage, devenu loi, d'envoyer périodiquement des secours, souvent toutes les épargnes du ménage, au jeune milicien absent. Touchante mais rigoureuse sollicitude de l'esprit de famille !

Il arrive même parfois que, de sacrifices en sacrifices, la famille entière tombe dans le dénûment, et que cinq ou six personnes sont à la charge de la bienfaisance publique, par le seul fait de la conscription qui les a privées d'un membre utile.

Voilà le mal immense qu'il faut faire cesser; l'iniquité à laquelle il faut mettre un terme ! Rien n'est plus facile : qu'on le fasse donc sans tarder.

—

Nous demandons que toutes les chances possibles d'avancement soient garanties aux enfants des travailleurs enrôlés. Cette condition est nécessaire, pour entretenir dans l'armée l'esprit d'émulation et de dévouement, et pour faire du service militaire une carrière véritable.

On fixera les lois et, s'il est nécessaire, les limites de cet avancement, de manière à concilier tous les intérêts, y compris ceux de l'éducation et de la science, sans lesquelles non-seulement les armes spéciales, mais l'armée tout entière perdrait insensiblement ses ressources les plus précieuses, sa force morale, la conscience de ce qu'elle vaut et de ce qu'elle peut.

On ne supprimerait pas l'École militaire actuelle. Elle continuerait à former des officiers instruits, pleins de moralité et d'honneur, tandis que les pensions militaires, à l'usage des enfants des travailleurs, prépareraient des soldats instruits aussi, mais dans un degré nécessairement inférieur, et seulement aptes à conquérir les honneurs de l'épaulette par un développement ultérieur d'instruction joint à une conduite irréprochable, sous le double rapport de la discipline et des mœurs.

—

La crainte de livrer le sort du pays à une milice de caste, qui pourrait devenir factieuse et tyrannique, serait peu fondée.

D'abord, la durée du service militaire étant fixée à dix ans au lieu de huit, elle ne changerait pas notablement la situation actuelle, qui n'inspire de frayeur à personne.

Ensuite, les cadres se recrutant toujours, comme aujourd'hui, dans les rangs de la jeunesse d'élite qui sortirait de l'École militaire, et l'esprit général de l'armée venant ordinairement de la tête, les libertés publiques et les institutions ne courraient aucun péril nouveau.

Elles ne seraient même que mieux garanties ; car l'armée serait plus réellement une fraction de ce même peuple dont les agitations bouleversent les États et culbutent, en un jour, les trônes les mieux assis.

A ce titre, elle maintiendrait l'ordre plus facilement que l'armée actuelle, parce qu'elle aurait, non plus fictivement, mais en toute vérité, ses parents et ses frères dans les rangs de la multitude. Sortie de la classe des travailleurs, elle obtiendrait plus sûrement, en tout temps et en tout lieu, les sympathies des travailleurs.

On dit bien aujourd'hui à la multitude : L'armée régulière est composée de vos enfants et de vos frères : honorez-la ! — Cette parole n'est vraie que pour une moitié ou pour un quart.

Beaucoup de soldats n'appartiennent pas à cette même classe de travailleurs salariés qui fait les émotions de la rue.

Beaucoup ne servent qu'à regret ; et il en est bien peu, s'il en est, qui sentent au fond du cœur assez d'attachement aux intérêts du pouvoir pour le défendre au prix de leur vie.

Que leur importe la chute d'un pouvoir auquel ils ne tiennent par aucun lien? Pourquoi s'exposeraient-ils aux malédictions, aux périls de tout genre, à une mort sans gloire, sous le coup des pavés, pour le maintien d'un ordre de choses dont ils sont les premières victimes? Il ne s'agit point là du sol et de l'honneur de la patrie, mais d'une forme de gouvernement toujours vexatoire, quand elle blesse les sentiments de la justice, les droits de la liberté et les instincts sacrés de la famille. Que cette forme tombe donc, si elle ne peut se soutenir seule, et qu'elle soit jetée à la mer! Voilà ce qu'ils se disent à eux-mêmes, et l'on sait ce qui arrive.

On peut regretter qu'il en soit ainsi ; mais cela est. Pourquoi ne le dirions-nous pas?

Rien de pareil n'aurait lieu avec notre armée vraiment nationale, vraiment composée des enfants du peuple travailleur, vraiment intéressée au maintien de l'ordre social qui la fait vivre et qui l'honore!

VI

Instituer une grande banque nationale, qui soit en même temps une caisse spéciale des travailleurs.

L'institution de cette caisse est comme la cheville-ouvrière de tout notre système, car des ressources considérables sont nécessaires pour suffire à toutes les charges qu'il impose à la société : Travail ou occupation pour tous ; pensions aux travailleurs infirmes ou cassés par l'âge ; création de travaux d'utilité publique ; organisation, au besoin, d'une réserve militaire ; érection et entretien d'écoles-pensions, générales ou spéciales; enfin rétribution du personnel employé, à divers titres, dans les détails de cette vaste organisation.

———

Où puiser les fonds nécessaires pour suffire à tant de dépenses?

Nous n'avons qu'un mot à répondre à cette question : *Dans une caisse spéciale destinée à l'organisation du travail national et au soutien des travailleurs.*

Hâtons-nous de dire, afin de ne pas être plus longtemps soupçonnés de faire un beau rêve et rien de plus, comment cette caisse sera créée et alimentée.

1° L'État sera chargé de l'établir et de l'administrer.

2° Il l'organisera sur des bases assez larges pour suffire à tous les besoins, non-seulement du travail national, mais de l'industrie, du commerce et de toutes les transactions.

3° Par conséquent, suppression en temps opportun, et le plus tôt possible, de tous les priviléges accordés à des banques particulières, même à la banque de France.

———

Que ces entreprises rentrent dans la loi commune de la liberté et de la concurrence; qu'elles subsistent, si elles peuvent, mais sans faveur et sans monopole.

Les banques font des bénéfices dans les années prospères, et quelquefois même dans les temps de crise. Mais vienne un ébranlement : la fortune publique est compromise; et nulle institution n'existe pour la soutenir ou la relever. C'est à l'État que l'on recourt et que l'on s'en prend alors; tout le monde se plaint de lui, tout le monde crie contre le pouvoir, et les pierres mêmes de nos rues se soulèvent pour l'assaillir.

Ce n'est pas tout à fait sans motif, convenons-en. Père de la grande famille, il en a livré le sort à l'avidité des traitants, au lieu de s'en occuper lui-même. Gardien et dispensateur de la fortune publique, il en a octroyé la gestion à des particuliers, au lieu de l'administrer lui-même. N'est-il pas coupable, au moins dans une certaine mesure?

Ce qui est certain, d'ailleurs, c'est qu'en définitive le fardeau retombe sur lui, et que, sans avoir recueilli les bénéfices, souvent considérables, des temps prospères, il doit supporter les charges encore plus énormes des temps mauvais.

Avec quels fonds? — Avec les fonds de la nation.

Que ces fonds servent donc exclusivement, désormais, au bien de la nation! S'ils fructifient, que ce soit au profit de la nation. Alors il sera juste d'exiger de l'État, caissier-général, qu'il pourvoie aux nécessités des temps critiques.

Laissons toute cette juiverie vivre de la banque, si elle le veut et si elle le peut encore; mais ôtons-lui *le privilége* d'exploiter le crédit public, et le droit d'affamer la France, de peur de perdre un centime.

———

3° Les administrations des hospices et des bureaux de bienfaisance possèdent des revenus considérables, ayant pour destination spéciale le soulagement de la misère sous ses diverses formes. Dans notre système, l'État seul est chargé de cette sollicitude et de tous les devoirs qu'elle entraîne. C'est donc à lui, ou plutôt à notre grande institution financière de la *Banque nationale-Caisse des travailleurs*, que doit appartenir désormais l'application et la gestion des revenus de la charité publique. La fin attire les moyens.

4° Les fonds dépensés annuellement pour l'entretien des dépôts de mendicité et pour le soutien des monts-de-piété reviennent de droit à la même caisse. — L'État pourvoirait au besoin, non plus des mendiants, car la mendicité n'existerait plus, mais des pauvres et des malheureux rendus tels par des circonstances exceptionnelles.

5° L'impôt personnel et de patente perçu aujourd'hui sur tous les industriels ou maîtres qui occupent des ouvriers serait aussi versé dans le *Caisse des travailleurs*. — Cet impôt se prélève, en réalité, sur la sueur de l'ouvrier. N'est-il pas juste qu'il serve à soulager les besoins de l'ouvrier?

6° L'abolition de la conscription militaire est un bienfait et une décharge pour les citoyens appartenant aux classes aisées. — Tous les principes s'accordent pour réclamer d'eux un service d'argent en échange des services corporels et du sang des enfants du peuple.

———

Aussi demandons-nous :

Que tout propriétaire, rentier, capitaliste, vivant ou pouvant vivre de ses revenus, soit tenu de verser à la *Caisse des travailleurs* une somme de 800 francs (plus ou moins) pour chacun de ses enfants mâles, aussitôt que cet enfant aura atteint sa septième année ;

Que tout fonctionnaire occupant un emploi public au traitement de six mille francs ou plus soit tenu de faire le même versement pour le même objet et à la même époque ;

Que tout fonctionnaire occupant un emploi auquel est attaché un traitement inférieur à six mille et supérieur à deux mille francs, soit tenu de verser à la même caisse une somme de 200 francs ;

Que pareil versement d'une somme de cent francs soit exigé de tous les autres fonctionnaires non compris dans la classe des travailleurs salariés, et de tout citoyen exerçant une profession ou exploitant un commerce quelconque d'une manière indépendante, et non au service ou pour compte d'autrui.

Le tout, néanmoins, sous la réserve expresse que les dispenses et les avantages accordés par la loi actuelle du recrutement soient maintenus aux citoyens de ces deux dernières catégories, de telle sorte que les parents ne soient obligés aux versements dans la caisse des travailleurs que pour les enfants qui, sous le régime de cette loi, seraient astreints au service militaire.

Mais, d'autre part, comme l'exemption de ce service n'est compensée qu'imparfaitement par les sommes versées à la caisse, et qu'elle est une faveur pour les familles, il paraît juste de ne pas comprendre dans les dispenses de la loi les citoyens appartenant à la première classe, et d'exiger d'eux un versement particulier pour tous les enfants mâles, sans exception, à l'âge ci-dessus indiqué.

7º Le travail de l'ouvrier, dans les établissements privés aussi bien que celui des domestiques, tourne en définitive au profit de l'industriel ou du maître. — Pourquoi celui-ci ne verserait-il pas à la caisse commune, par semaine ou par mois, une somme déterminée d'après le taux des salaires ou des gages ?

La caisse des **travailleurs** le dégage de tout soin à l'égard de l'ouvrier malade, vieux et infirme. Elle l'affranchit donc d'un devoir que la religion et l'humanité, si ce n'est la reconnaissance, lui imposent. Il contribuera, pour une part, à alimenter ce trésor de la charité publique.

L'ouvrier y contribuera pour une autre part, et ce sera justice. Pas un qui ne le comprenne.

De là plus de caisses de prévoyance, plus de caisses d'épargne particulières. Une seule caisse devant pourvoir à tout, les autres seront inutiles. L'argent que les maîtres et les ouvriers déposaient dans celles-ci prendra le chemin de celle-là. Les besoins n'en seront que mieux satisfaits, et l'avenir que mieux assuré.

Il sera permis, toutefois, aux travailleurs plus laborieux, plus habiles, plus économes, mieux rétribués ou moins chargés de famille, de déposer leurs épargnes à la caisse commune.

Ces épargnes porteront annuellement intérêt à 6 0/0 ; mais le capital, augmenté des intérêts, ne leur sera remis que lorsqu'ils auront l'intention et les moyens d'exercer, pour leur compte, une profession libre ou d'entreprendre un commerce indépendant.

8° Les institutions gouvernementales du régime déchu étaient la source de dépenses énormes. — Que les économies opérées par l'établissement d'une forme plus simple profitent à la caisse des travailleurs : et la liste civile de l'ancienne monarchie, et les dotations des princes, et celles de la chambre des pairs, et les revenus du cumul, des sinécures, et les réformes d'emplois, et les réductions des traitements trop élevés.

On a dit qu'une économie de *deux cent millions* pouvait être faite sur le budget général du pays. Nous le croyons sans peine.

La France de 1830 et d'avant 1830 ne payait pas tout à fait un *milliard* d'impôts, et l'on trouvait ce chiffre écrasant.

Aujourd'hui, le budget général de la France est de plus de *un milliard sept cent millions* de francs. Mais aussi quelle prodigalité ! quel monstrueux pillage ! Les appétits de la corruption sont insatiables.

Retranchons d'abord sa part, puis celle de la cupidité et de l'intrigue ; nous aurons encore de quoi donner largement à la caisse des travailleurs, sans atteindre au chiffre fantastique des budgets de la monarchie déchue.

———

9° La société compte dans son sein bon nombre de célibataires aisés, vivant de leurs revenus ou des produits d'un emploi, d'une profession. Ils participent à tous les avantages de l'ordre social et ne supportent qu'une faible part des charges imposées au reste des citoyens. L'équilibre serait rétabli, si l'on imposait au célibat riche ou vivant à l'aise, au-dessus de l'âge de 35 ans, l'obligation de verser annuellement à la caisse des travailleurs une somme quelconque, dans l'échelle de 50 à 400 francs.

10° Cette même caisse, à l'exclusion de toute autre, devrait recevoir le produit de toutes les amendes infligées aux maîtres ou chefs, pour infractions aux lois organisatrices du travail ; et celles qui résulteraient des manquements au service de la garde nationale ou à la discipline de cette milice.

11° Les droits perçus jusqu'ici par les établissements de bienfaisance sur les plaisirs publics seraient versés dans la caisse commune. Il serait également donné à son profit des représentations, des concerts et des fêtes.

———

L'aumône publique serait interdite ; mais des collectes autorisées par l'État seraient faites à diverses époques de l'année en faveur de la grande œuvre de la bienfaisance commune. Une rétribution uniforme destinée au même but serait exigée de toutes les personnes, sans exception (sauf les travailleurs salariés munis de leur carte), qui voudraient visiter les monuments publics, les musées, les grandes collections d'art, les expositions de l'industrie ou tout autre que l'on organiserait à dessein.

Puis mille autres moyens qu'une charité ingénieuse saurait bien inventer, et que le cœur généreux de la France accueillerait avec empressement.

12° Pourquoi n'exigerait-on pas aussi de tout citoyen promu à un emploi public ou obtenant une augmentation de traitement, soit par simple rémunération de services, soit par un avancement en grade, un tantième à déterminer sur la première année du traitement ou de l'augmentation de traitement? Il n'en est pas un qui ne se soumette volontiers à cette contribution éventuelle en faveur de la caisse commune.

13° Des brevets d'invention, d'importation et de perfectionnement sont sollicités chaque jour auprès de l'administration chargée de ce service. En échange des privilèges consacrés par l'octroi de ces brevets, et qui souvent, bien qu'ils paraissent nécessaires au progrès, jettent la perturbation dans les travaux manuels, n'est-il pas juste que ceux qui en profitent concourent au soutien des travailleurs, qui sont les éléments premiers de toute fortune industrielle?

14° Puisque partout les établissements actuels d'instruction primaire gratuite seraient remplacés par les écoles-pensions dont nous avons parlé plus haut, les fonds alloués au budget annuel de l'instruction populaire reviendraient de droit à la caisse commune, chargée de faire face à ce premier des besoins.

15° Enfin, un fonds de premier établissement nécessairement assez considérable servirait à organiser le service de la caisse, et, bien administré, il s'accroîtrait chaque année d'une allocation sur le budget.

Je n'ai pas mentionné les donations particulières qui seraient faites à la caisse, comme elles se font aujourd'hui aux établissements de bienfaisance.

Quelques témoignages de reconnaissance publique (non pourtant des hochets) serviraient tout à la fois à récompenser les largesses déjà faites et à provoquer de nouveaux dons.

Le clergé de France, si plein de dévouement au bien public et d'amour pour le pays, ne manquerait pas de seconder ce mouvement. Il le ferait même avec d'autant plus de zèle que le lourd fardeau de la miséricorde corporelle ne pèserait plus sur lui, et qu'il n'aurait plus qu'à pourvoir aux misères de l'âme. Mission sublime et difficile encore, surtout dans une société si profondément atteinte par le poison de l'immoralité politique, qui entraîne avec elle tous les autres genres de corruption, mais rendue moins pénible, par l'absence des besoins pressants et des soucis du lendemain, dans toutes les conditions!

A Dieu ne plaise néanmoins que je veuille interdire au clergé toute intervention dans le soin des misères corporelles! Loin de là, il faut qu'il ait une large part d'action dans la distribution de tous les secours. Nul, mieux que lui, ne peut consoler le dénûment et la souffrance, parce que seul il peut parler efficacement au nom d'un Dieu qui a voulu vivre pauvre au milieu du peuple, et mourir pauvre et nu pour le salut de tous.

Aussi se portera-t-il de lui-même, on peut l'espérer, à seconder la grande institution qui nous occupe. Et s'il le fait avec tout l'élan de la piété et tout l'abandon de la confiance, il n'est plus besoin de chercher comment la caisse des travailleurs s'alimentera. Tous les cœurs une fois ouverts par la parole du prêtre, il en jaillira incessamment des flots de charité. La France est encore assez chrétienne pour se souvenir qu'elle est la patrie des Vincent de Paule et des Fénelon.

—

Je ne finirais pas, si je voulais énumérer toutes les ressources que l'État, les départements, les communes, les particuliers eux-mêmes peuvent ê re appelés à fournir à la caisse des travailleurs.

Mais déjà quel capital immense alimenterait cette caisse, par le seul emploi des moy ns que je viens d'indiquer!

Pourtant je n'ai point touché à la propriété foncière, ni aux rentes sur les fonds publics, ni aux créances hypothécaires! — Je n'ai point parlé de nouveaux impôts, ni d'emprunts forcés! Mesures toujours odieuses, quelle que soit la nécessité qui les commande.

J'ai respecté avec une scrupuleuse attention tous les droits de la liberté individuelle; je me suis contenté de demander que cette liberté ne dépassât jamais les limites au-delà desquelles son action devient barbarie, oppression, exploitation cruelle de l'homme par l'homme.

L'Angleterre elle-même, si peu ménagère de l'honneur et du bien-être de ses enfants, n'a-t-elle pas limité les heures du travail salarié, quand l'intérêt de ses fabriques a paru l'exiger? — C'est que le pouvoir public, qui punit les violences du père et de l'époux à l'égard de sa femme et de ses enfants, a aussi le droit de prévenir et de réprimer les violences des maîtres à l'égard de leurs ouvriers. Et n'est-ce pas une violence réelle que d'imposer à ceux-ci, sous peine de mort, un travail tellement prolongé qu'il les abrutit et les énerve! Le gouvernement, gardien et tuteur de tous les intérêts sociaux, peut-il tolérer un état de choses qui mène la plus grande partie de la population nationale à la consomption, à l'étisie morale et physique, au tombeau?

Non, mille fois non! Personne, sous aucun régime, ne doit avoir la liberté de tuer son semblable, ni par le fer, ni par le poison subtil des officines, ni par le poison lent du travail sans terme. Si ce principe n'était pas vrai, l'ouvrier, lui, n'aurait plus légalement que la liberté de mourir, soit de faim sans travailler, soit de fatigue extrême en travaillant.

Pour Dieu! ne l'exposons pas à la tentation de se demander s'il ne pourrait pas être libre d'autre façon.

Ne faisons pas de nos ateliers des bagnes, de nos travailleurs des forçats. Nous n'en avons pas le droit, et nos intérêts mêmes s'y opposent.

Je ne demande aucun sacrifice nouveau quant aux habitudes, ni quant aux franchises des maîtres.

Mais qui garantira les capitaux énormes engagés dans la vaste institution que nous avons nommée *Caisse des travailleurs?*

Ce sera la nation elle-même, dont toutes les propriétés et la fortune productive serviraient d'hypothèque, s'il en était besoin.

Sauf meilleur avis, je donnerais la surveillance et la responsabilité du bon emploi des fonds à une commission de tant de membres nommés, moitié par l'assemblée, moitié par le gouvernement, avec obligation de rendre compte chaque année de la gestion des opérations, des résultats et de la situation de la caisse.

Tous les détails d'application et d'exécution seraient laissés au gouvernement.

Les receveurs, percepteurs et fonctionnaires locaux du département des finances seraient chargés du recouvrement et de l'envoi des fonds; les préfets, sous-préfets et maires, de la surveillance des établissements existant dans leur ressort. En un mot, le gouvernement tirerait parti des fonctionnaires attachés aux divers services publics, de manière à restreindre le plus qu'il serait possible le nombre des emplois nouveaux.

Plusieurs de ces emplois seraient donnés de préférence, et suivant la besogne, aux employés ou aux officiers retraités, aux travailleurs pensionnés qui auraient encore la force de s'appliquer à de faciles travaux de direction ou de surveillance.

Les autres seraient donnés, autant que possible, à des personnes dignes de confiance, mais sans occupation fixe (il en est tant aujourd'hui, grâce à la mauvaise distribution des charges et à la funeste direction de l'instruction publique!), et, pour ceux d'un ordre inférieur, à des travailleurs ou à des fils de travailleurs qui se seraient distingués par leur intelligence et leur bonne conduite.

Les employés, d'ailleurs, ne manqueraient pas, car les administrations actuelles de bienfaisance en occupent beaucoup. On utiliserait avec fruit leur expérience et leurs services.

Je n'en dirai pas davantage. Il suffit de vouloir et de mettre la main à l'œuvre ; on reconnaîtra bientôt combien il est facile de donner l'impulsion et la vie à ce système, quelque compliqué qu'il paraisse au premier abord. Les difficultés qui effrayent le plus, étant vues de loin, disparaîtront au contact d'une pensée ferme et résolue.

Je n'hésite pas même à dire qu'une grande simplification sera la conséquence du système, lorsque les milliers de commissions administratives et de bureaux éparpillés aujourd'hui dans toute l'étendue de la France n'auront plus qu'un ressort, seront mûs par la même main, et tenus en action par la même vigilance.

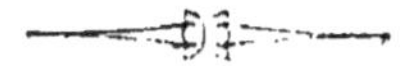

VII

Établir une législation spéciale pour punir les délits ou les crimes commis par les travailleurs dans l'exercice ou à l'occasion de l'exercice de leur profession.

La justice doit être égale pour tous ; car tout homme, ici-bas, a des devoirs et des droits.

S'il n'y avait de justice qu'en faveur de l'ouvrier contre le maître, celui-ci serait opprimé.

L'oppression ne serait pas moindre dans le sens inverse.

L'égalité, sans une juste réciprocité d'obligations, n'est que mensonge et duperie.

Toute tyrannie doit donc être rendue à jamais impossible, aussi bien celle qui frappe d'en bas que celle qui menace d'en haut.

Les travailleurs ne veulent plus être opprimés par les maîtres, et ils ont raison.

Les maîtres n'ont-ils pas le même droit à ne pas être opprimés par les travailleurs ?

Sans doute !

Aussi devons-nous regarder comme traître au bon sens et à la logique, aussi bien qu'à la société et à la patrie, quiconque ne parle au peuple que de ses droits, sans lui parler de ses devoirs.

Traître encore, celui qui ne veut la répression que pour les maîtres et les propriétaires, proposant de laisser impunis les méfaits des travailleurs.

La société croulerait, s'il pouvait exister dans son sein une seule force sans règle, une seule action sans discipline.

Nous avons proposé une législation destinée à garantir les prétentions légitimes des hommes de travail : il est juste que nous en proposions une autre destinée à punir leurs fautes.

Voici les principales bases sur lesquelles nous croyons que celle-ci peut être assise :

1° Pour les fautes qualifiées crimes et pour quelques délits d'une nature grave, envoi du coupable, après jugement, dans un régiment *pénitentiaire*, appliqué aux travaux les plus durs et les plus pénibles, et soumis au régime du code pénal militaire actuel.

2° Pour des délits moins graves et pour les fautes qui n'exposent qu'à une peine correctionnelle, envoi du coupable, après jugement, dans un régiment *disciplinaire*, soumis à un régime spécial.

3° Pour des fautes moins graves encore, mais attestant dans le travailleur la volonté de persévérer dans ses mauvaises habitudes, envoi du coupable, après décision sommaire d'un conseil de prud'hommes établi à cet effet, dans une compagnie civile de défrichement à l'intérieur, ou de colonisation, au loin, suivant la nature et le nombre des fautes commises.

La graduation des châtiments et le régime à imposer à chacune de ces catégories seront déterminées en détail par le législateur.

Nous demandons néanmoins, en toute hypothèse, que les travailleurs qui auront encouru l'un ou l'autre des châtiments qui viennent d'être mentionnés, soient privés, en ce qui les concerne personnellement, de tous droits aux bénéfices de la caisse des travailleurs, jusqu'à ce que, par une bonne conduite assez longtemps soutenue, ils se soient rendus dignes de rentrer dans les rangs des travailleurs.

4° Des pénalités diversement graduées et plus ou moins fortes, suivant les circonstances, infligées par le même conseil de prud'hommes aux ouvriers qui refuseront le travail privé ou le travail national, lorsqu'ils y seront appelés, à moins qu'ils ne justifient de moyens suffisants d'existence acquis par leurs économies ou par toute autre voie légitime.

Ne serait-il pas convenable de comprendre, au nombre de ces pénalités : 1° la perte des droits aux ressources de la caisse des travailleurs, pour un terme double de la suspension volontaire du travail ; 2° la mise en surveillance ; 3° la privation de certains droits politiques ou civils ; 4° la publication, par affiches, dans les ateliers ou ailleurs, des noms des travailleurs récalcitrants ; 5° enfin, après un intervalle plus ou moins prolongé, l'envoi au régiment disciplinaire.

La sagesse du législateur avisera.

5° Des pénalités suffisamment efficaces contre les travailleurs qui auraient cherché à entraîner leurs compagnons dans une coalition ou complot propre à troubler illégalement la tranquillité publique ; et contre ceux qui seraient convaincus d'avoir manqué gravement à leurs devoirs envers les maîtres, les propriétaires, les chefs d'atelier, pour le compte desquels ils travaillent.

Puisqu'une législation spéciale doit réprimer sévèrement toute vexation de la part des maîtres, il est juste aussi que ces derniers soient garantis de toute insulte et de toute exigence arbitraire de la part des travailleurs qu'ils emploient.

La subordination exige que le subordonné ait de la déférence et des égards pour ses chefs ou supérieurs.

Si le maître doit le salaire, et s'il le doit à jour fixe, l'ouvrier doit le travail régulier, conformément aux usages ou à la loi, pour tout le temps compris entre deux payements.

6° La perte du salaire dû depuis le dernier payement, sans préjudice d'autres peines, pour tout ouvrier qui aurait brusquement et sans motifs légitimes abandonné son travail ou refusé de le poursuivre pendant un certain espace de temps.

Il serait stipulé, comme moyen d'exécution, que tout ouvrier ou domestique, quittant son travail, est tenu d'en faire la déclaration à la mairie de la commune où il travaille, en inscrivant lui-même, sur un registre tenu à cet effet, ou en faisant connaître les causes de sa conduite. Il en serait référé immédiatement au conseil d'arbitrage institué dans le canton ou dans l'arrondissement, lequel informerait et aviserait sous le plus bref délai.

De son côté, le maître aurait toujours le droit de faire inscrire sur un autre registre les plaintes qu'il aurait à former contre un ou plusieurs ouvriers, sans que ceux-ci en aient connaissance.

L'administration communale ou le conseil ci-dessus mentionné prendrait, avec prudence, les mesures nécessaires pour procurer du travail ailleurs aux ouvriers mal notés par leurs maîtres.

Les livrets ne seraient plus nécessaires dans ce système : on sait combien d'inconvénients ils entraînent. Ils seraient remplacés par des cartes de congé ou de transfert que l'administration communale délivrerait en cas de besoin.

L'ouvrier aurait le même droit de formuler ses plaintes contre le maître, sous les mêmes réserves et conditions.

7° L'obligation, pour tout ouvrier, de prévenir quelque temps à l'avance, suivant le droit et les usages reçus, le maître qu'il veut quitter, pour quelque cause que ce soit, et d'informer l'administration communale de sa résolution, en indiquant le genre de vie qu'il veut suivre à l'avenir, et les moyens d'existence qu'il possède ou auxquels il se propose de recourir.

Sans cette précaution, la caisse des travailleurs pourrait se trouver chargée de pourvoir à l'entretien d'ouvriers paresseux ou insoumis.

La masse des travailleurs honnêtes y perdrait. D'autre part, la société serait toujours inquiétée dans son repos par la crainte des désordres auxquels pourrait se livrer l'oisiveté turbulente de ces déserteurs.

Déserteurs ! — Le mot est juste ; car le plus redoutable ennemi de la société, c'est le vice,

Le drapeau du travail est celui sous lequel la patrie appelle tous ses enfants à le combattre, dans une guerre continuelle et sans relâche.

Quitter ce drapeau sans congé ou sans motifs légitimes, c'est donc passer à l'ennemi, c'est être déserteur, c'est faire acte de trahison et de lâcheté.

N'est-il pas juste que ce crime soit puni, au moins par un châtiment rigoureux, jusqu'à ce que le repentir ait ranimé l'amour du travail et de l'ordre dans l'âme du coupable.

Vivre en travaillant, telle est la devise des ouvriers honnêtes et courageux.

Vivre sans travailler, est la prétention monstrueuse des hommes sans cœur.

Honneur à ceux-là, honte à ceux-ci!

Plus de truanderie dans la société moderne! — Nous sommes trop généreux pour ne pas chercher à soulager la misère réelle; mais, en même temps, nous sommes trop jaloux de la dignité de l'ordre des travailleurs pour nourrir la misère volontaire et criminelle.

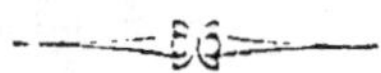

OBSERVATIONS SUPPLÉMENTAIRES.

1. — Il importe de remarquer que sous la dénomination générale de travailleurs, nous comprenons également les hommes de service des deux sexes connus sous le nom de *domestiques*.

Les maisons d'asile dont nous avons parlé plus haut seront érigées sous le patronage du gouvernement. Dans les communes populeuses, chefs-lieux d'arrondissement ou de canton, et en plus ou moins grand nombre, suivant les besoins de la circonscription territoriale qu'elles seront destinées à desservir.

Les personnes chargées de la direction et de la surveillance de ces maisons auront soin d'inscrire sur un registre spécial les noms des domestiques, la date de leur entrée, celle de leur sortie, le nom du maitre dont ils ont quitté le service, celui du maître chez lequel ils seraient placés de nouveau, ainsi que tous les renseignements relatifs à leur conduite pendant leur séjour à l'établissement.

Un registre semblable à celui qui concerne les travailleurs proprement dits sera également tenu par les domestiques dans chaque mairie ou hôtel-de-ville, de sorte que l'autorité locale puisse toujours avoir à sa disposition et communiquer à l'administration supérieure toutes les données nécessaires sur cette classe de salariés, comme sur les autres.

Le registre sera également accessible aux maîtres ou propriétaires, et aux domestiques eux-mêmes, pour y faire inscrire leurs griefs ou leurs réclamations.

Des travaux utiles aux enfants des écoles et pensions entretenues par l'État occuperont les domestiques dans les maisons d'asile.

Aucun domestique étranger ne pourra être admis dans une de ces maisons, à moins d'y payer, en entrant, une somme plus ou moins forte au profit de la caisse des travailleurs.

———

2. — La bienveillance du pouvoir public à l'égard des travailleurs indigènes ne saurait s'étendre aux travailleurs étrangers sans les plus graves inconvénients.

Il ne convient pas que la France devienne le refuge de tous les malheureux de l'univers, qui ne manqueraient pas d'y affluer, si la certitude d'y trouver des ressources les y appelait.

Les maîtres et les propriétaires seront toujours libres néanmoins d'employer des étrangers, mais à la condition de verser annuellement, pour chaque travailleur de cette classe, une somme fixe et déterminée dans la caisse du travail national.

Le besoin d'implanter dans le pays quelques industries nouvelles et productives, pour lesquelles le concours de l'étranger est nécessaire, peut forcer parfois le gouvernement ou les particuliers à faire venir des ouvriers du dehors.

Dans ce cas, des conventions particulières et temporaires peuvent être arrêtées entre ces travailleurs et ceux qui veulent les employer.

La caisse commune peut même leur être accessible, en certains cas.

Quant aux apprentis étrangers qui viennent en grand nombre, chaque année, s'initier à la pratique de nos travaux et de nos arts industriels, il conviendra de les soumettre à une taxe au profit de la caisse nationale, à moins que des échanges d'apprentis n'aient lieu entre la France et le pays auquel ils appartiennent : ce qui donnerait lieu à des arrangements particuliers.

3. — L'obligation imposée à la société d'assurer, *dans la mesure de ses ressources*, du travail à tout citoyen obligé de vivre du salaire, n'emporte pas nécessairement avec elle le droit de forcer au travail les volontés perverses qui s'y refuseraient; mais, d'autre part, l'oisiveté dans la misère étant un danger pour l'ordre public, la mise en surveillance et les obligations qui en découlent doivent atteindre les récalcitrants.

4. — Le droit de tout citoyen au travail est nécessairement et fatalement limité par l'étendue des ressources que la société peut appliquer à cet objet. Mais, en ce point, la limite extrême n'est autre que l'impossibilité absolue. Or, il y a lieu de pressentir que si notre plan est bien compris et bien appliqué; si l'on réunit tous les moyens que nous avons indiqués; si l'on fait tous les profits et toutes les économies possibles; si l'on recourt à tous les modes d'exploitation que nous avons signalés, et surtout si l'on répartit convenablement toutes les forces actives du pays, — la France se trouvera pour longtemps encore en mesure de suffire à tous les besoins.

5. — La fixation d'un minimum de salaire sera une règle pour tous. Mais s'il arrive qu'un industriel ne puisse se soumettre à cette règle, sans danger de pertes graves ou prolongées, il pourra lui être fait sur la caisse des travailleurs, après informations convenables, des avances proportionnées à ses besoins, si l'on juge que la continuation de ses travaux soit utile à l'intérêt général.

D'autre part, la prétention que pourraient élever les maîtres et les industriels de réduire tous les salaires au minimum, confondant ainsi l'ouvrier plus habile avec celui qui l'est moins, serait combattue efficacement par l'intervention du conseil d'arbitrage établi par le gouvernement, et dont la décision ferait loi, sans appel, l'industriel restant toujours libre de poursuivre ou de suspendre ses travaux.

De cette manière, les besoins vrais et honnêtes seraient secourus : les caprices ou les expédients de la cupidité seraient réprimés.

———

6. — Le salaire doit suffire à l'ouvrier pour lui-même, pour sa femme et deux enfants au moins.

La raison de cette disposition se trouve dans la nature même. L'esprit de famille est la sauvegarde des mœurs ; il faut éviter d'y porter atteinte, et, pour cela, conserver autour de l'ouvrier l'atmosphère bienfaisante du foyer domestique qui le rappelle sans cesse à ses devoirs et l'y attache par les liens les plus doux.

Il est bien entendu, d'ailleurs, que ces deux enfants qu'on lui laisse sont admis de droit à fréquenter, comme externes, avec ou sans la nourriture et les vêtements, les écoles gratuites dont il a été parlé, et à en suivre tous les exercices pendant la plus grande partie du jour, de sorte que la mère n'en soit plus préoccupée et que le père les retrouve, au retour du travail, prêts à se jeter dans ses bras et à lui prodiguer les caresses de la piété filiale.

Les femmes ne doivent pas non plus être oubliées dans la distribution du travail.

Beaucoup peuvent donner quelques heures à une occupation sédentaire, après avoir accompli leur tâche de mères de famille, et augmenter ainsi l'aisance commune. On trouvera sans peine les moyens nécessaires pour cet objet (si l'industrie privée n'y suffit pas) dans le zèle des directeurs ou inspecteurs du travail, ou bien dans la sollicitude de commissions locales à créer dans ce but.

———

7. — Plus de concessions, ni d'adjudications de travaux publics !

Les profits et les ressources de la banque nationale mettront le gouvernement en état de faire exécuter des travaux dont la nation a besoin.

Peut-être ira-t-on moins vite en besogne, mais la marche sera plus sûre.

Elle sera aussi plus profitable à tous ; car les bénéfices qui reviennent aux concessionnaires ou entrepreneurs dans le système actuel ne seront plus prélevés tyranniquement sur la sueur des ouvriers prise au rabais. Ils reviendront en partie aux travailleurs eux-mêmes, par un salaire plus convenable, ou ils entreront dans la caisse commune.

Mais quoi ! dira-t-on, l'État se fera donc industriel ou agriculteur ? Nullement.

Il fera exécuter les travaux d'utilité publique par qui bon lui semblera, mais à des conditions telles que le travailleur ne puisse plus être exploité comme une vile matière, et qu'il n'y ait plus, dans l'exécution, ni bénéfices scandaleux, ni tromperies de la part des entrepreneurs. Des tarifs détaillés, une surveillance continuelle, une comptabilité bien tenue, et d'autres moyens jugés convenables, remédieront aux graves abus du passé.

En fait de travaux agricoles, pourquoi le gouvernement ne dirait-il pas, par exemple, à toutes les familles pauvres du pays :

« Tels travaux sont à exécuter en tel endroit. J'offre à celles qui voudront y entreprendre la culture de tant d'hectares de terres incultes les ressources nécessaires d'alimentation et d'abri, les instruments et les moyens d'exploitation, un bail gratuit pour tant d'années, enfin tout ce qu'exigera la situation que je vous propose. Qui veut accepter ces offres ? »

Des milliers de ménages répondraient à cet appel en bénissant le pays tout entier.

7. — En demandant l'abolition de la concurrence faite par des entrepreneurs ou par l'État, au moyen du travail des prisons, des dépôts de mendicité, etc., nous n'entendons pas demander la suppression de tout travail dans ces établissements pénitentiaires. Là, comme ailleurs et plus qu'ailleurs, l'oisiveté engendre tous les vices.

Ce que nous voulons, c'est que les malheureux qui s'y trouvent soient astreints à d'autres travaux que ceux qui s'exécutent déjà par les bras de l'industrie honnête et régulière : à des défrichements, par exemple, et au dessèchement de marais et terrains fangeux, et pendant la mauvaise saison, à la fabrication de produits étrangers encore à l'industrie nationale.

En toute hypothèse, si l'on ne croit pas qu'il soit possible de recourir à ces moyens (ce que nous comprendrions à peine), il faut que les objets fabriqués dans les prisons ne soient plus jetés dans le courant de la consommation à un prix inférieur à celui des produits similaires du travail régulier. Les bénéfices dont leur fabrication serait la source doivent alimenter la caisse des travailleurs. — L'État ne peut pas faire ou permettre de faire une concurrence ruineuse à l'industrie nationale, dont il est le soutien et le père.

8. — La suppression de tous les impôts qui pèsent directement sur les travailleurs salariés semble devoir, il est vrai, diminuer les ressources de l'État et celles des grandes communes. Mais, d'une part, la perte occasionnée par cette suppression serait compensée par un grand nombre de ressources nouvelles, qui se trouvent mentionnées plus haut ;

D'autre part, il serait possible de les remplacer par des charges frappant exclusivement les classes opulentes, telles que, par exemple, un droit de barrières sur les voitures de luxe, ou quelques centimes additionnels, au profit de la caisse commune, ajoutés au prix des premières places sur les chemins de fer ; une taxe sur les domestiques au-delà d'un certain nombre, sur les chevaux et les chiens de luxe, etc.

Les riches eux-mêmes n'auraient aucun motif de se plaindre de ces mesures ; car la suppression des impôts sur certains objets alimentaires de première nécessité serait un dégrèvement pour eux comme pour les classes vouées au travail.

Ce qui importe surtout, c'est que la classe la plus nombreuse puisse vivre dans l'aisance.

Les avantages d'un tel régime seraient considérables.

Par suite de l'augmentation dans les facilités d'existence, la consommation des denrées alimentaires s'accroîtrait sensiblement.

Les travailleurs payeraient plus régulièrement tous leurs achats, le loyer de leurs maisons ou le fermage de leurs terres. Ils auraient plus de probité et plus d'attachement aux intérêts des maîtres.

Le temps du travail étant proportionné aux forces réelles du travailleur, celui-ci serait plus robuste, plus ardent au travail et moins exposé aux maladies qui résultent toujours des fatigues prolongées outre mesure.

Et que l'on ne dise pas que ce sytème, si favorable à l'ouvrier, peut nuire à tous les autres intérêts. Ce serait tout à la fois une crainte chimérique et une contre-vérité.

L'organisation de notre banque nationale et de notre caisse des travailleurs ouvrirait un crédit presque inépuisable à l'industrie, au commerce, à l'agriculture. Les capitaux seraient moins chers, la rentrée des fonds plus prompte, les placements plus avantageux, les faillites plus rares, les tromperies moins fréquentes.

Par suite des travaux exécutés sur toute la surface du pays, les terres incultes seraient mises en rapport, les transports deviendraient moins coûteux, les moyens d'approvisionnement plus faciles.

Les revenus de l'État s'accroîtraient dans une large proportion.

Le bien-être deviendrait donc plus général : tous y auraient part ; et bientôt l'on reconnaîtrait que la justice et la bienveillance pour tous sont les premiers éléments de la prospérité des peuples.

Jusqu'ici on a cherché à asseoir la fortune publique sur la violence, sur la cupidité, sur l'intrigue, sur les mauvais instincts de l'homme. Erreur capitale qui a produit tous les maux de la France !

Voici maintenant une autre base : *la justice !* Bâtissez-y sans crainte ; elle ne sera jamais ni trop étroite, ni trop faible pour soutenir l'édifice de votre société nouvelle, si haut qu'il vous plaise de l'élever.

---

9. — Le sort des travailleurs étant désormais assuré, beaucoup moins d'entre eux se laisseront séduire par la pensée de faire aux industriels capitalistes une concurrence ruineuse pour tous indistinctement.

En somme, il n'y a que deux espèces de concurrences : l'une basée sur de mauvais produits, sur un vil trafic des forces et des mauvais penchants du travailleur ; l'autre, puisant ses éléments de succès dans une fabrication plus loyale et plus intelligente ; dans un système de gestion et de surveillance mieux combiné avec les vicissitudes de la consommation ; dans une sollicitude parfaite pour les intérêts des travailleurs.

Que la première de ces concurrences tombe, si elle ne peut se soutenir ; qu'elle aille rejoindre toutes les corruptions du régime qui vient d'être brisé.

La seconde n'en vivra que mieux pour l'honneur, la paix et le bien-être de la France.

Celle-là mine les bases du travail, en même temps qu'elle tue l'ouvrier : elle est infâme et barbare. Elle ruine les consommateurs eux-mêmes qu'elle trompe en chacun de ses produits.

Celle-ci, au contraire, honore et soutient le travail consciencieux : elle relève et encourage le travailleur ; elle est morale, éclairée, humaine ; elle sert les intérêts des consommateurs, auxquels elle ne livre que des produits de bonne qualité et de bonne fabrication.

10. — A propos des écoles et des pensions dont nous avons proposé l'établissement, il est essentiel de faire remarquer que l'on n'établira rien de solide, si l'on n'y donne pas à la religion une large part de direction et d'enseignement.

Laissons d'autres hommes discuter, comme un problème, la question de savoir s'il est utile ou non de parler de Dieu aux enfants.

Quant à nos enfants, à nous, nous entendons qu'il n'y ait ni discussion ni procès à cet égard.

Nous voulons qu'ils soient élevés religieusement et chrétiennement, parce qu'il faut qu'ils aient des mœurs, de la probité, des principes, de l'énergie de corps et d'âme, pour ne pas être avilis ou exploités.

Les habiles peuvent croire que l'or supplée à tout. Nos enfants n'auront pas d'or : il faut au moins qu'ils aient du cœur. La religion en donne, et elle n'ôte rien aux facultés naturelles. L'éloigner serait, de notre part, un marché de dupes.

Si nous étions envieux du bonheur des classes opulentes, nous leur dirions : « Laissez-nous Dieu, à nous et à nos enfants, et gardez tout « le reste. Nous compterons plus tard ! »

Vive Dieu ! L'arrangement nous plaît.

11. — La banque nationale, comme nous l'envisageons, doit concentrer toutes les ressources que la nation peut consacrer au soutien du travail, au soulagement de la misère; et c'est pour cela que nous l'avons nommée aussi caisse des travailleurs.

Nous avons fait connaître les moyens qui peuvent alimenter cette caisse; nous avons montré par quels canaux elle doit recevoir chaque jour les fonds suffisants à ses besoins et à ses charges. Pourtant nous n'avons pas tout dit.

L'armée ne se composant plus, en réalité (sauf les officiers sortis de l'école militaire), que de travailleurs et d'enfants de travailleurs, le budget de la guerre doit être versé presque tout entier dans la caisse du travail, sans en excepter les sommes dépensées annuellement pour l'Hôtel des Invalides, dont les pensionnaires ne seront plus que des travailleurs militaires retirés du service.

Les monts-de-piété ont aussi leurs ressources propres, qui reviendront de droit à la même caisse. — On verra plus tard ce qu'il conviendra de faire de ces établissements, qui ne sont guère aujourd'hui que des maisons d'usure, plus funestes au peuple que les loteries et les maisons de jeux, par les facilités qu'ils ouvrent au vice et à la débauche.

Pourquoi le gouvernement ne recueillerait-il pas également, au profit des classes travailleuses, les bénéfices que peuvent donner les compagnies d'assurances et les tontines? — Dès qu'il se trouve chargé de pourvoir à tous les besoins et à toutes les misères, n'est-il pas juste qu'il réunisse dans sa main tous les moyens de remplir cette mission?

En vain dirait-on qu'en se faisant assureur sur les biens ou sur la vie des citoyens, il porte atteinte à la liberté des compagnies actuelles et de ceux qui les exploitent. — Ce serait se placer à un faux point de vue.

L'État n'empêcherait, en aucune façon, les entreprises particulières; mais il s'abstiendrait de leur donner aucun privilége : il les laisserait opérer à leurs risques et périls, et il ouvrirait lui-même, au nom, avec les fonds et au profit de la nation, une vaste compagnie d'assurances ayant pour cautionnement la fortune de la France.

Les chances, dira-t-on, ne seraient pas égales entre l'État et les particuliers.

Pourquoi, s'il vous plaît?

Est-ce parce que l'État aurait plus de fonds, et que, par cela même, il inspirerait plus de confiance ?

Oui, tel serait le motif véritable de l'opposition.

Or, ceci nous dit tout; ceci nous révèle le secret de certaines craintes ; ceci nous explique l'impuissance des compagnies à soulager efficacement toutes les misères sur lesquelles elles prélèvent un large bénéfice.

L'État aurait plus de fonds pour faire face à ses engagements. — Vous n'avez donc pas assez de fonds pour remplir les vôtres ?

L'État inspirerait plus de confiance, et il la mériterait sans doute, puisque l'on prévoit que le pays la lui donnerait. — Vous ne méritez donc pas, vous, la confiance que vous sollicitez au son de la trompe et au bruit du tambour, à grand renfort d'annonces et d'affiches ?

Dans le système actuel on n'assure rien en réalité ; car il n'y a pas une société qui ne s'empressât de faillir, si, dans une seule année, la moitié ou le quart des propriétés de ses assurés subissait le sinistre contre lequel elle prétend les assurer.

Non, vous n'assurez rien aux autres; mais vous voulez vous assurer à vous-mêmes de gros bénéfices, en échange d'une sécurité que vous ne donnez pas, que vous ne pouvez pas même donner.

Faites pourtant les assureurs, si bon vous semble, vous êtes libres. — Mais l'État assurera à son tour, et il ne faillira point à ses promesses : tous seront sûrs d'être remboursés, voire même secourus par lui, en cas de sinistre.

On parle de droits. — Ne jouons point aux équivoques.

Si vous aviez des droits, pourquoi demanderiez-vous des autorisations et des priviléges ? Le droit est pour tous, sans licence, sans octroi spécial du pouvoir.

Le fait est que les gouvernements passés ont accordé des faveurs. Or, qui donne peut s'abstenir de donner.

C'est ce que le gouvernement fera ; c'est ce qu'il doit faire. — Peut-être même devrait-il aller plus loin, et retirer toutes les faveurs octroyées, jusqu'ici aux compagnies d'assurance.

---

12. — Mais la banque nationale ne doit pas se borner à ces opérations de second ordre. Il faut qu'elle fasse tout ce que font les autres banques, et qu'elle réalise tous les bénéfices que celles-ci se procurent.

Un seul caractère la distinguera, c'est que ses bénéfices profiteront à la nation tout entière, et spécialement aux conditions travailleuses, tandis qu'aujourd'hui les dividendes des banques vont grossir le trésor de leurs actionnaires et de leurs gérants.

S'il y a des intérêts, des frais d'escompte et des commissions à payer, en échange des facilités qu'offrent les banques, nous les payerons, nous qui sommes la nation, mais à la nation elle-même, personnifiée dans le pouvoir; et ce fleuve d'or, qui s'engouffre mystérieusement aujourd'hui dans les coffres de quelques hommes, arrosera largement tout le sol français; puis il reviendra à sa source, comme le sang dans le corps humain.

Que le ciel nous donne donc un *Hervey* de la finance capable de mettre à la raison les vains parleurs d'économie politique, par la seule force du bon sens et de la vérité!

Encore une fois, plus de banque à priviléges!

13. — Nous avons parlé de registres tenus dans chaque commune, et où doivent être inscrits, d'une part, les noms des travailleurs occupés ou inoccupés, et, d'autre part, les noms des maîtres ou propriétaires ayant besoin de travailleurs.

Si ces registres sont bien tenus, le gouvernement pourra toujours connaître la situation vraie du travail national.

Il pourra, en conséquence, répartir les travailleurs entre les départements, et maintenir, sous ce rapport, un équilibre parfait entre l'offre et la demande.

Ajoutons seulement un mot.

Il importe à la sécurité, aux intérêts et à l'honneur de tous, que les travailleurs soient bien connus et bien jugés. Les livrets ne donnent pas toute garantie à cet égard, car l'ouvrier en est porteur, et il arrive souvent que le maître n'y inscrit que la moitié ou le quart de sa pensée; plus souvent encore il se tait ou la déguise.

Dans notre système, le travailleur, ouvrier et domestique, n'aurait plus de livret. Ses titres de service, ses qualités et ses défauts seraient consignés dans un registre déposé à la mairie de la commune où il a séjourné en dernier lieu.

En cas de changement, le gouvernement ou les particuliers pourraient toujours être instruits de ses antécédents, et juger de la part de confiance qu'il mérite. Plus de tromperie ni de méprise possible, pas

même pour le travailleur, qui pourrait toujours, en consultant les registres de la localité, apprécier le caractère, les exigences, les vices
ou les vertus du nouveau maître auquel il aurait à faire.

Il lui suffirait, pour cela, de connaître les plaintes formulées contre
ce dernier par les travailleurs qu'il a eus à son service.

———

14. — À propos de la caisse des travailleurs et des droits qu'elle con-
fère aux ouvriers, n'ai-je point oublié de dire que les travailleurs qui
veulent s'établir et se faire maîtres doivent être privés des bénéfices de
la caisse?

Rien n'est pourtant plus juste. Ils sortent volontairement de la classe
des travailleurs salariés; pourquoi prendraient-ils leur part dans les
avantages assurés à ceux-ci? ils y ont renoncé par le seul fait de leur
transformation et de leur passage d'une condition dans une autre.

Que si, un jour, le repentir entre dans leur âme, parce que le mal-
heur aura dissipé la fumée de leurs prétentions, il leur sera donné de
se créer de nouveaux droits aux récompenses du travail; mais leurs
services passés seront rayés du livre des services rendus. Obligés de
faire peau neuve, ils seront obligés aussi de reconquérir leurs titres à
la gratitude nationale.

———

15. — Les enfants des travailleurs jugés incapables de nourrir leur
famille seront nourris et élevés par l'État, nous l'avons dit; mais il
convient également à l'honneur et à la magnanimité de la France tra-
vailleuse qu'elle prenne en pitié les enfants des ouvriers emprisonnés
pour une cause quelconque.

L'État sera chargé de pourvoir à l'éducation de ces enfants; il exer-
cera à leur égard tous les droits, comme il prendra toutes les charges
de la tutelle. Il se fera leur père, à défaut de celui que le vice leur a
enlevé.

CONCLUSIONS.

Ce qui jusqu'ici a troublé les sociétés politiques, c'est l'absence de droits et de moyens d'existence dans les conditions vouées au travail.

Nous voulons que le travail leur soit assuré *dans la mesure de toutes les ressources de la société*. Ces ressources sont grandes dès aujourd'hui ; elles seront plus grandes encore le jour où on le voudra sérieusement.

Il faut que ce jour vienne.

Les travailleurs français n'ont eu jusqu'ici que des devoirs ; il faut qu'ils aient des droits. Ils veulent, en remplissant leur tâche, être affranchis de toute servitude et respirer sans gêne l'air qui seul convient à des poitrines libres, l'air sans lequel le sang se glace et se corrompt dans les veines, l'air du bien-être dans l'ordre public.

Comme faisant partie du corps souverain de la nation, ils ne peuvent être soumis au bon plaisir de qui que ce soit.

Leur utilité est une force ; ils demandent que cette force soit reconnue d'abord, puis employée, réglée, estimée, rémunérée.

Toutefois, le gouvernement ou la nation représentée par ses mandataires a aussi des droits, et ces droits doivent être respectés. Il faut que ceux qui y portent atteinte soient punis.

De là une double législation, ou plutôt une même législation en deux titres, dont le premier assure tous les droits, et le second règle tous les devoirs.

De là aussi, d'une part, l'obligation pour la société d'éteindre dans son sein le paupérisme et ses funestes conséquences, en assurant, autant qu'elle le peut, le travail et le salaire à tout citoyen valide ; de l'autre, l'obligation pour les travailleurs de se soumettre au code du travail arrêté et promulgué par les représentants de la nation.

Le paupérisme disparaîtra lorsque l'existence par le travail, ou comme récompense, sera garantie à l'ouvrier, à sa femme et à ses enfants.

On atteindra ce dernier but par la concentration *de toutes les ressources que la nation peut avoir ou réunir dans une seule main, celle du gouvernement,* par la suppression de toutes les prodigalités et de toutes les exploitations égoïstes, par la réalisation de tous les profits légitimes et possibles.

Entre divers genres de travaux que l'homme du peuple est appelé à exécuter, il en est un plus glorieux que tous les autres : le service militaire. On en a fait jusqu'ici une corvée ruineuse. Nous demandons qu'elle soit une faveur accordée seulement aux fils des travailleurs les plus dignes et les plus instruits.

La famille du travailleur est souvent trop nombreuse pour qu'il puisse la nourrir et l'élever convenablement ; et telle est la cause la plus certaine de toutes les misères physiques et morales qui ravagent et dégradent le corps social.

En élevant les enfants des travailleurs, l'État augmentera d'abord le bien-être de ceux-ci, puis il préparera à la nouvelle France une nation toute nouvelle, une nation forte, morale, sûre d'elle-même, agréable à Dieu et honorée des hommes.

En ce qui concerne les classes salariées, il est impossible de donner au problème social plus de trois solutions :

Ou garantir le travail à tous ;

Ou remplacer le travail par l'aumône ;

Ou laisser mourir de faim ceux à qui le travail manque.

N'est-il pas évident que, de ces trois solutions, la seconde est désho-
norante pour tous, la troisième barbare et inhumaine?

Donc, la première est la seule admissible.

C'est aussi la plus utile à tous les intérêts, puisqu'elle entraîne le
roulement continuel d'un immense capital qui porte dans toutes les
veines du corps social *le mouvement, la vie et la force,* en même temps
qu'elle relie l'une à l'autre, par un chaînon que rien ne pourra plus
rompre, les deux plus grandes fractions de la société, celle qui possède
la terre ou l'argent, et celle qui possède les bras et le nombre.

———

Que voyons-nous aujourd'hui et depuis longtemps sur tout le sol de
la France?

D'innombrables souffrances sans consolation et sans remède. A les
regarder de près, la douleur resserre l'âme, l'effroi fait bondir le cœur,
la rougeur monte au front.

C'est qu'en effet nous sommes presque tous coupables de cette situation affreuse.

Presque tous!... non-seulement ceux qui vivent du revenu de la terre
ou du produit de la vente, mais les travailleurs même qui gagnent plus
que le nécessaire.

Le sang et les larmes de nos frères crieront-ils plus longtemps ven-
geance au ciel?

Non! — Donnons tous à l'État, pour qu'il puisse tarir la source de tant
d'infortunes, ou plutôt donnons à la caisse des travailleurs l'obole de
nos économies, la dîme de nos plaisirs, souvent coupables et toujours
vains, afin que nul de nos frères ne meure de faim ou de honte.

Je vous y invite, ouvriers, mes frères, au nom de la charité. Je vous
y invite, moi, coupable comme tant de millions d'autres.

Donnons! donnons!..... car si nous donnons, le monde entier donnera.

———

Disons encore une fois le fond de notre pensée pour la faire bien
comprendre.

Nous voulons que tous les travailleurs soient élevés dans l'amour de la vertu, du travail, de l'ordre, de la patrie et du bien public. — Pensée d'union et de moralité sociale !

Nous demandons que le travail soit assuré et convenablement réparti entre tous, suivant le nombre des bras et dans la proportion des besoins. — Pensée d'organisation régulière et pacifique !

Nous proposons de faire gérer le capital social par le gouvernement, sous l'œil et la surveillance de la nation représentée par ses mandataires ; de faire valoir les intérêts de ce capital par l'industrie, le commerce et l'agriculture, d'assurer l'existence des travailleurs par le jeu de ce même capital ; enfin de faire agir toutes les forces actives de la nation par un seul mobile, l'intérêt public. — Pensée de confraternité sociale !

Nous demandons que l'ouvrier puisse vivre à l'aise ; car lorsqu'il vit bien, il fait vivre le petit commerce.

Lorsque le petit commerce vit bien, il fait fleurir le haut commerce ; et lorsque ceux-ci et ceux-là vivent bien, l'industrie, l'agriculture, la propriété et le capital sont dans la prospérité. — Pensée de fortune sociale.

Notre système aura encore pour effet de former et d'accroître tous les jours les ressources du travail industriel et agricole par l'immense trésor de la banque nationale.

Il y fera également affluer les sommes innombrables qui restent improductives, faute de sécurité ou d'un produit suffisant. — Pensée d'économie sociale !

Tous les citoyens et tous les intérêts se donneront la main, se soutiendront, se fortifieront, en travaillant les uns pour les autres. — Pensée de solidarité sociale !

La patrie pourra compter désormais sur des soldats instruits, courageux, pleins de dévouement, de moralité et d'honneur. — Pensée de force et de puissance sociale !

Et comme, au fond, toutes ces pensées n'en font qu'une, l'ordre social se trouvera assis sur une seule base, inébranlable comme la vérité même, régi par un seul principe. — La France atteindra le but qu'elle poursuit en vain depuis tant de siècles :

L'UNITÉ !

Paris. — Imp. Lacrampe et Fertiaux, 2, rue Damiette.